रज़ा पुस्तक माला

सिनेमा और संसार

संवाद

रज़ा फ़ाउण्डेशन | THE RAZA FOUNDATION

सिनेमा
और
संसार

कुमार शहानी से

उदयन वाजपेयी का संवाद

राजकमल प्रकाशन

रज़ा पुस्तक माला : **सिनेमा** | **संवाद**
प्रधान सम्पादक : अशोक वाजपेयी | सम्पादक : पीयूष दईया
राजकमल प्रकाशन प्रा.लि. और रज़ा फ़ाउण्डेशन का सह-प्रकाशन

ISBN : 978-93-89598-78-0

मूल्य : ₹ 395

पुस्तक-आकल्पन : गुरविन्दर सिंह

पहला संस्करण : 2021

प्रकाशक : राजकमल प्रकाशन प्रा. लि.
1-बी, नेताजी सुभाष मार्ग, दरियागंज
नई दिल्ली-110 002

शाखाएँ : अशोक राजपथ, साइंस कॉलेज के सामने, पटना-800 006
पहली मंज़िल, दरबारी बिल्डिंग, महात्मा गांधी मार्ग, प्रयागराज-211 001
36 ए, शेक्सपियर सरणी, कोलकाता-700 017

वेबसाइट : www.rajkamalprakashan.com
ई-मेल : info@rajkamalprakashan.com

मुद्रक : यश प्रिंटोग्राफिक्स
ग्रेटर नोएडा-201 310 (उत्तर प्रदेश)

CINEMA AUR SANSAR
Conversation with Kumar Shahani by Udayan Vajpeyi

रेवती और उत्तरा के लिए

आमुख

अशोक वाजपेयी

कलाओं में भारतीय आधुनिकता के एक मूर्धन्य सैयद हैदर रज़ा एक अथक और अनोखे चित्रकार तो थे ही उनकी अन्य कलाओं में भी गहरी दिलचस्पी थी। विशेषत: कविता और विचार में। वे हिन्दी को अपनी मातृभाषा मानते थे और हालाँकि उनका फ्रेंच और अँग्रेज़ी का ज्ञान और उन पर अधिकार गहरा था, वे फ्रांस में साठ वर्ष बिताने के बाद भी, हिन्दी में रमे रहे। यह आकस्मिक नहीं है कि अपने कला-जीवन के उत्तरार्द्ध में उनके सभी चित्रों के शीर्षक हिन्दी में होते थे। वे संसार के श्रेष्ठ चित्रकारों में, २०-२१वीं सदियों में, शायद अकेले हैं जिन्होंने अपने सौ से अधिक चित्रों में देवनागरी में संस्कृत, हिन्दी और उर्दू कविता में पंक्तियाँ अंकित कीं। बरसों तक मैं जब उनके साथ कुछ समय पेरिस में बिताने जाता था तो उनके इसरार पर अपने साथ नवप्रकाशित हिन्दी कविता की पुस्तकें ले जाता था : उनके पुस्तक-संग्रह में, जो अब दिल्ली स्थित रज़ा अभिलेखागार का एक हिस्सा है, हिन्दी कविता का एक बड़ा संग्रह शामिल था।

रज़ा की एक चिन्ता यह भी थी कि हिन्दी में कई विषयों में अच्छी पुस्तकों की कमी है। विशेषत: कलाओं और विचार आदि को लेकर। वे चाहते थे कि हमें कुछ पहल करनी चाहिए। २०१६ में साढ़े चौरानबे वर्ष की आयु में उनकी मृत्यु के बाद रज़ा फ़ाउण्डेशन ने उनकी इच्छा का सम्मान करते हुए हिन्दी में कुछ नयी क़िस्म की पुस्तकें प्रकाशित करने की पहल रज़ा पुस्तक माला के रूप में की है, जिनमें कुछ अप्राप्य पूर्व प्रकाशित पुस्तकों का पुनर्प्रकाशन भी शामिल है। उनमें गाँधी, संस्कृति-चिन्तन, संवाद, भारतीय भाषाओं से विशेषत: कला-चिन्तन के हिन्दी अनुवाद, कविता आदि की पुस्तकें शामिल की जा रही हैं।

कुमार शहानी सोचते-विचारते फ़िल्मकार भर नहीं हैं—वे स्वतन्त्र रूप से जीवन, जगत्, यथार्थ आदि के बारे में गम्भीर चिन्तन करते रहे हैं : उसका

जीवन्त साक्ष्य यह संवाद है जो अँग्रेज़ी से अनूदित कर हिन्दी में प्रस्तुत किया जा रहा है। इस संवाद से न सिर्फ़ कुमार की फ़िल्म-दृष्टि विस्तार से समझ में आती है बल्कि वह समय भी प्रगट होता है जिसमें यह कला-कर्म घटित हो रहा है। एक फ़िल्म-मूर्धन्य की यह सचित्र पुस्तक *रज़ा पुस्तक माला* में प्रस्तुत करते हुए हमें प्रसन्नता है।

अक्टूबर २०२०, नयी दिल्ली

प्रस्तावना

उदयन वाजपेयी

ऋत्विक घटक और सत्यजीत राय के बाद कुमार शहानी और मणि कौल सम्भवत: देश के सबसे अधिक महत्त्वपूर्ण फ़िल्मकार रहे हैं। इनकी फ़िल्मों ने न सिर्फ़ हमारे फ़िल्म के देखने में बुनियादी बदलाव लाया है बल्कि इन फ़िल्मों की रोशनी में हम वास्तविकता और स्वयं अपने आप को भी कुछ और तरह से ही अनुभव करने के रास्ते खोज सके हैं या खोज सकते हैं। साठ के दशक में पुणे के भारतीय फ़िल्म और टेलीविज़न संस्थान से अध्ययन के बाद कुमार शहानी अध्येतावृत्ति पर पेरिस गये और उन्होंने वहाँ अद्वितीय फ़िल्मकार और फ़िल्म-शास्त्रज्ञ रोबेर ब्रेसाँ के साथ प्रमुख सहनिर्देशक के रूप में उनकी दोस्तोयवस्की की प्रसिद्ध कहानी 'मीक वन' पर आधारित फ़िल्म 'द जेंटल क्रिचर' पर काम किया। वहाँ से लौटकर उन्होंने अपनी पहली फ़िल्म 'माया दर्पण' बनायी जिसे देखते ही यह बात फ़िल्म प्रेमियों और आलोचकों के मन में सहज ही घर कर गयी कि वे कुछ ऐसा देख रहे हैं जो उन्होंने अब तक नहीं देखा था। वे एक ऐसे फ़िल्मकार की रचना के सामने हैं जो जीवन के छोटे से छोटे अंश के प्रति संवेदनशील हैं और जिसकी फ़िल्म का कैमरा निरन्तर इस महाद्वीप की प्रदर्शनकारी और अन्य कलाओं को जागृत करता चलता है और साथ ही जिसका वैश्विक कला सम्पदा के साथ आत्मिक संवाद है। यह दुखद है कि ऐसे विलक्षण फ़िल्मकार को हमारे देश में केवल कुछ ही फ़िल्में बनाने का अवसर मिला हालाँकि कुमार ने जो भी फ़िल्म बनायी है वह अपनी तरह की 'क्लासिक' है। उनकी फ़िल्में दुनियाभर के प्रयोगशील और दृष्टि सम्पन्न फ़िल्मकारों के लिए निरन्तर प्रेरणा का स्रोत रही हैं। यह संयोग नहीं कि कुमार शहानी को विश्व के श्रेष्ठ सिनेमा शिक्षकों में गिना जाता है। कुमार अपनी हर फ़िल्म में फ़िल्म बनाने के नये मार्गों की खोज करते हैं और वे निरन्तर इस खोज के लिए विशेषकर भारतीय प्रदर्शनकारी कलाओं और संगीत आदि की परम्परा को गहरे से गहरे तक समझने और टटोलने का मानो अनवरत प्रयास करते

रहते हैं। उनकी फ़िल्में भारतीय और वैश्विक कला परम्परा से संवाद करती हुई आकार ग्रहण करती हैं।

कुमार शहानी से बात करना हमेशा हर्षित करता है। वे अपने भीतर दुनिया की तमाम कला परम्पराओं के बहावों को मानो लेकर चलते हैं, चाहे वह ख़याल संगीत हो या मिनिएचर चित्र, पश्चिमी शास्त्रीय संगीत हो या कुडियाट्टम नृत्य, ध्रुपद संगीत हो या भक्ति कविता या दरवेशों का अपनी धुरी पर लगातार घूमना। वे बात करते-करते कब किसी विशेष संगीत के रूपाकार के किसी दूरस्थ दार्शनिक दृष्टि के लगभग अनदेखे बिन्दु पर जाकर ठहरेंगे, इसका कोई ठिकाना नहीं होता। इसीलिए उनसे बात करना अनिवार्य रूप से गहन कलात्मक और दार्शनिक अनुभव होता है। प्रस्तुत संवाद कई वर्ष पहले पुणे और मुम्बई में हुआ था। पुणे में भारतीय फ़िल्म अभिलेखागार में कुछ फ़िल्में देखने के बाद और मुम्बई में कुमार के 'सागर-दर्शन' के घर में। पुणे में हम बात करने, फ़िल्में देखने के बाद, विश्वविद्यालय परिसर में चले जाते थे, वहाँ हरे घास के छोटे से मैदान के किनारे कुछ बेंचें लगी थीं, हमने उन्हीं पर बैठकर घण्टों बात की और उसे रिकॉर्ड किया। मुम्बई में कुमार के घर की बहुत बड़ी काँच की खिड़की समुद्र पर खुलती थी। कुमार कुर्सी पर समुद्र की ओर पीठ करके इसलिए बैठते थे कि मैं बात करते समय समुद्र की आती-जाती-नाचती लहरों को देखता रह सकूँ। इस बातचीत के बाद पिछले कई बरसों से कुमार से मैं बराबर बात करता रहा हूँ, उनकी दो फ़िल्मों, 'चार अध्याय' और 'विरह भरयो घर आँगन कोने' में लेखन भी किया है। यह सब करते हुए हमेशा ही अपने भीतर एक ऐसी समृद्धि का अनुभव करता रहा हूँ जो सृजन और चिन्तनशील कलाकार के सान्निध्य में ही हो सकता है।

क्रम

'क़स्बा'

उदयन वाजपेयी : आपने अपनी पहली फ़िल्म के लिए निर्मल वर्मा की कहानी 'माया दर्पण' का चुनाव किया था। तब आप पेरिस से लौटे ही थे। आपने पहली ही फ़िल्म के लिए इस कहानी का चुनाव क्यों किया था? आपने यह कहानी पेरिस आने के बाद पढ़ी थी या आप उसे वहीं पढ़ चुके थे?

कुमार शहानी : मैंने पेरिस में रहते हुए एक पटकथा लिखी थी, मुझे वह पसन्द नहीं आयी। उसमें अतीत के प्रति गहरा मोह था क्योंकि मैंने उसे विदेश में बैठकर लिखा था। तब मैं कुछ ऐसी चीज़ें खोजने लगा जो अलग हों। मैंने हिन्दी, अँग्रेज़ी और फ्रांसीसी भाषा की बहुत-सी कहानियाँ पढ़ीं। अचानक मेरी नज़र 'माया दर्पण' पर गयी। मैंने पाया उस कहानी में कोई 'प्लॉट' नहीं है जिसका आशय यह था कि वह मेरे भीतर और बाहर हो रहे बदलाव के प्रति मेरे लगाव को रूप दे सकती थी। मैं इस बदलाव की सजगता को व्यक्त करना चाहता था : एक तरह की आत्मसजगता और साथ ही संसार की भी सजगता। ऐसी कोई कहानी मिलना आसान नहीं था। 'माया दर्पण' के साथ मैं ऐसा कर सकूँगा, मैंने सोचा। मैंने यह भी सोचा कि मैं इसमें रंगों के सहारे व्यक्त कर सकूँगा। यह एक अलग क़िस्म का लगाव था : रंगों, आवाज़ों और गतियों के सहारे व्यक्त करना। इस कहानी में मुझे प्लॉट की चिन्ता नहीं करनी थी और तब भी आत्मसज़गता और संसार की सजगता को व्यक्त करना यहाँ मुमकिन था। मुझे लगता है कि नैतिक प्रश्न बहुत कुछ प्लॉट से जुड़े हुए होते हैं।

अपनी पहली फीचर फ़िल्म में वह सजगता ही नैतिक प्रश्न था जिसे मैं समझना चाहता था। जब लोग आख्यान के बारे में या उसके विरोध में बोलते हैं या प्लॉट के विरोध में बोलते हैं, वे आम तौर पर कुछ बहुत ग़लत

बोल रहे होते हैं। आख्यान के विषय में यह भ्रम है जिसे दूसरे विश्वयुद्ध के बाद विशेषकर यूरोप और अमेरिका और यहाँ भी बढ़ा-चढ़ा दिया गया है। दो विरोधी पक्ष बन गये हैं : एक आख्यान के पक्ष में है दूसरा उसके विरोध में। लेकिन मेरी समझ में यह वास्तविक प्रश्न नहीं है। मैं सोचता हूँ कि किसी भी क्रमिक संयोजन में, फिर वह अमूर्त क्रमिक संयोजन ही क्यूँ न हो, जैसा कि 'माया दर्पण' में कई जगह होता है, जैसे जब वह नायिका सो रही है, वहाँ भी आख्यान है। संयोग से पेरिस में इस फ़िल्म के प्रदर्शन के बाद कोई नस्लवादी भारतीय व्यक्ति दिलीप पडगाँवकर से यह कह रहा था, 'यह कोई फ़िल्म है, इसमें तीन गन्दी दीवारों और एक काली लड़की के अलावा और है क्या?' चूँकि वहाँ क्रमिक संयोजन है, इसलिए आख्यान है और आत्मसजगता ही उस आख्यान का आधार है। जब आप संसार में कर्म करते हैं, संसार भी गतिशील हो जाता है, 'माया' घटित होती है। मैं इतना ज़रूर कहूँगा कि फ़िल्म बनाने के पहले मैं इन सब बातों के बारे में इतना स्पष्ट नहीं था।

> कोई मुझे बता रहा था कि आपकी इस कहानी में दिलचस्पी होने का कारण शायद यह था कि यह कहानी भी एक बदलाव की ओर इशारा कर रही थी, इस कहानी में हम सामन्ती ढाँचे की टूटन में उत्पन्न हो रहे पूँजीवादी रूपाकारों की झलक पा सकते हैं। क्या हम यह कह सकते हैं कि जिस क़िस्म का बदलाव आप अपने भीतर अनुभव कर रहे थे, उसके अनुकूल ही समाज का रूपान्तरित होना आपको इस कहानी के कथ्य में दिखायी दिया और इसी कारण आप उसकी ओर आकर्षित हुए।

बिल्कुल। दरअसल वहाँ एक साम्य था, लेकिन मुझे यह नहीं लगता कि वह एक आरोपण था। मुझे लगता है कि वस्तुनिष्ठ संसार और आत्मसजगता आपस में गुँथे होते हैं और इसका सम्बन्ध सिर्फ़ वस्तुस्थिति से नहीं, स्वयं उसके विकास से होता है, और मुझे अब और अधिक यह लगता है कि इसका सम्बन्ध प्रकृति के विकास से है। मेरे कहने का आशय यह है कि उस रूपान्तर का लम्बा इतिहास है। आप उस आत्मसजगता को तय

'माया दर्पण'

नहीं कर सकते और न ही उसे आरोपित कर सकते हैं। अगर, आप ऐसा करेंगे, आप सृजन नहीं कर सकेंगे। मैं सोचता हूँ कि बहुत सारे विशुद्ध वस्तुनिष्ठ विश्लेषणों की विफलता का यही कारण है जिनमें कई व्याख्याएँ और मनोविश्लेषण जैसे काम शामिल हैं, वे इसलिए सफल नहीं हो पाते क्योंकि वे आत्म और संसार के सम्बन्ध को कुछ ज़्यादा ही सरलीकृत कर देते हैं जबकि ये दोनों ही सांगीतिक अन्तर्गुम्फन और तनाव के साथ विकसित होते हैं। अगर आपके पास ताल है, आप सभी बोलों को एक-सा विभाजित नहीं करेंगे, ताल वह करने की कोशिश करेगी। ताल आपको भी वही करने का न्योता देगी पर आप वह नहीं करेंगे। आप अपनी लय को इस तरह बदलते रहेंगे कि जहाँ उसे तीन में विभाजित करना हो, वहाँ आप लय का यह विभाजन चार या पाँच में करेंगे। आप स्वरों और मात्राओं को

खींचकर लम्बा भी कर देंगे। फिर आप उसी लम्बाई से तनाव उत्पन्न करेंगे और इसी तरह बढ़त करते चलेंगे। इस तरह आप एक अन्तहीन गतिशीलता में आ जायेंगे।

आपके इस रूपक से ऐसा जान पड़ता है मानो वास्तविकता कोई ताल हो जो आपको आमन्त्रित कर रही हो कि आप अपनी आत्मनिष्ठता को क्रीड़ामय बनायें?

यह ठीक है पर ताल भी आपका ही चुनाव है, रहस्य यहाँ है।

शायद इसीलिए कोई व्यक्ति यथार्थ की किसी एक ताल को सुनता है और कोई किसी दूसरी को।

पर साथ ही आप हर राग को गाने का एक विशेष ढंग चुनते हैं, और उसकी विशेषता पूर्वनिर्धारित नहीं होती, वह आपकी स्वतन्त्रता को चरितार्थ करती है।

आप आख्यान और अनाख्यान के द्वैत के विषय में बोल रहे थे। क्या आप उस पर कुछ और विस्तार करना चाहेंगे? आपने जिन सम्बन्ध सूत्रों के होने के विषय में इशारा किया था, इससे आपकी क्या यह मुराद है कि ऐसी कोई कृति हो ही नहीं सकती, जो आख्यानात्मक न हो?

हाँ, विशेषकर सिनेमा जैसे सांगीतिक रूपाकारों में। ऐसी किसी कृति की कल्पना ज़रूर की जा सकती है, जो आख्यानात्मक न हो पर मैं ऐसी किसी सिनेमाई कृति के सम्पर्क में नहीं आया, जो आख्यानात्मक न हो। मैं सोचता हूँ कि जब हम उन्नीसवीं शती के कार्य-कारण से बँधे आख्यानों को ही आख्यान मात्र मानकर इस शब्द का उपयोग करते हैं, हम ग़लती कर रहे होते हैं। यह ज़रूर है कि उस आख्यान का भी एक स्थान है क्योंकि हमें उसके साथ भी रहना पड़ता है। मसलन, हमें पता है कि हम यहाँ,

पूना विश्वविद्यालय के परिसर से वापस फ़िल्म इन्स्टीट्यूट जायेंगे और उसके लिए एक रिक्शा लेंगे, रिक्शा मिल गया तो कुछ देर में वहाँ पहुँचेंगे। मेरा ये बताने का यह आशय है कि ये सारे क्रियाकलाप कार्य-कारण से निर्धारित हैं और हम यह जानते हैं कि हमें इसके लिए एक ख़ास तरह से क्रियाशील होना होगा। उन्नीसवीं शती के आख्यान में जीवन के हर पक्ष को इसी सीमित कार्य-कारण में बाँध दिया गया था जबकि कार्य-कारण सम्बन्ध के कई रूप हो सकते हैं। मसलन, जीव वैज्ञानिक अपने कामों में भौतिक विज्ञानों में प्रयुक्त होने वाले कार्य-कारण सम्बन्ध का उपयोग नहीं करते। दुर्भाग्य की बात यह है कि जिन देशों में दूसरे विश्वयुद्ध के पहले तक कार्य-कारणता इतनी महत्त्व की नहीं थी, और जहाँ उसका नैतिकता से वह सम्बन्ध नहीं था जो उसका पश्चिमी सभ्यता में बना, वहाँ भी इस व्यावहारिक कार्य-कारणता को स्वीकार कर लिया गया। इसमें भारत भी शामिल है। यही हमारे व्यवहार के कण-कण में समा गयी है। 'क़स्बा' देखकर मुझे अमरीका से एक स्त्री ने पत्र लिखा, 'मुझे यह फ़िल्म बहुत पसन्द आयी, इसने मुझे छुआ, यह ख़ूबसूरत है पर आपको यह समझना होगा कि हम तार्किक लोग हैं और आप नहीं हैं।' ऐसा मुझे कई गोरों ने कहा है। तुम्हें पता ही है कि यह फ़िल्म चेखव की कहानी पर आधारित है और मुझे नहीं लगता कि मैंने उस कहानी को बदला है। कहानी को मैंने नहीं बदला पर बाक़ी बदल गया है। यह विचित्र है कि इस तरह की प्रतिक्रियाएँ आती रहती हैं और फिर इन्हें ही भारत के लोग भी आत्मसात् कर लेते हैं। इस तरह यह विचार अनिवार्य हो जाता है। फिर फ़िल्मकार भी इस दृष्टि को आत्मसात् कर लेते हैं और यह कहना शुरू कर देते हैं कि वे आख्यान के विरुद्ध हैं। मैंने कुछ लोगों को एक ही साँस में यह कहते सुना है कि वे महाकाव्यात्मक रूपाकार में काम कर रहे हैं और आख्यान के विरुद्ध हैं। यह कैसे सम्भव है? महाकाव्य आख्यान ही होता है क्योंकि आख्यान में इस पर हमेशा प्रश्न उठाया जाता है कि मनुष्य किस तरह कर्म करे? वह अतीत को किस तरह समझे कि वह कह सके कि वह इतिहास है और किस तरह कर्म करे क्योंकि महाकाव्य सारी नैतिकताओं को प्रश्नांकित करता है। मैंने पीटर ब्रुक्स की महाभारत का सिर्फ़ फ़िल्म संस्करण देखा है। उसमें मुझे यह बात खटकी कि वह फ़िल्म अभिनेताओं के अलग-अलग देशों के होने के

बावजूद सिर्फ़ एक तरह की शेक्सपीरियाई नैतिकता को मानकर चलती है। वह एकीकृत अभिनय सिद्धान्त के आधार पर बनी है। यह नहीं होना था। पीटर श्रेष्ठ निर्देशक हैं फिर ऐसा क्यूँ होना चाहिए था, मैं समझ नहीं पाया। मैं जब भारत भवन के उद्‌घाटन के मौक़े पर उनसे भोपाल में मिला था, मैंने उनसे पूछा कि वे महाभारत पर किस दृष्टि से काम कर रहे हैं? मैं उन दिनों महाभारत का अध्ययन कर रहा था। उन्होंने बहुत चतुर जवाब दिया, 'क्या आप किसी एक दृष्टि से उसे बना सकते हैं?' मैंने कहा, 'बिल्कुल नहीं। पर आप बिना किसी दृष्टि के फ़िल्म कैसे बनायेंगे?' उनका कहना ठीक था। आप महाभारत बनाते समय उस पर कोई रूप आरोपित नहीं कर सकते, आपको उसकी विभिन्न गतियों को यह छूट देनी होगी कि वे अपने आने का संकेत ख़ुद दे सकें। मैं सोचता हूँ कि जो लोग उपज नहीं समझते, वे यह नहीं समझ पाते कि महाकाव्य में उपज होना ही चाहिए। उपज अलग-अलग तरह का आख्यान हुआ करती है। आख्यान एक क्रम है, कैसा भी क्रम, वह न्यूटन का आरोपित किया नहीं है, हमें दुनिया को देखने की न्यूटन की दृष्टि मानने की आवश्यकता नहीं है। पर लोग सोचते हैं कि आख्यान की बात करना न्यूटन के आदर्श की बात करना है।

क्या आप यह कह रहे हैं कि वह केवल एक तरह का आख्यान है?

वह बहुत तरह की आख्यानों, विधियों में एक है। उसकी वैधता उसके अपने क्षेत्र में है।

जब आपने 'माया दर्पण' के बारे में बात करते हुए कहानी के प्लॉट और उसके नैतिक परिप्रेक्ष्य के सम्बन्ध को जोड़ा था, आपका क्या आशय था?

प्लॉट ही कर्म है, आप संसार में कर्म करते हैं और संसार आपके कर्म को प्रतिरोध देता है। जब आपके कर्म का प्रतिरोध होता है तब जिसे पुरुषार्थ कहा जाता है, आप उसे सक्रिय करते हैं और तब आप एक भीषण द्वन्द्व से गुज़रते हैं। इससे नैतिक प्रश्न उठ खड़े होते हैं जो एक रैखिक नीति-निर्देशों

से परे होते हैं जो ग्लानि या लालच या इसी तरह की किसी भावना पर आधारित नहीं होते। यहाँ पाप-बोध की भूमिका हो सकती है पर मैं मौलिक पाप को नहीं मानता, लेकिन मैं यह ज़रूर सोचता हूँ कि मौलिक ग्लानि जैसा कुछ होता है। टॉमस मान ने ग्लानि के इस विचार से खेला है जिसका सम्बन्ध आत्मसजगता से है क्योंकि सचेत होने पर आप अचानक अपने बारे में, संसार के बारे में चमत्कृत होते हैं, ग्लानि वैसा कुछ है, इसका सम्बन्ध पाप से नहीं है। शायद श्रृंगार के साथ भी ऐसा ही कुछ होता है, उससे आनन्द होता है। जीवित रहे आने के गर्व से भी यह हो सकता है। मुझे नहीं लगता कि इसका सम्बन्ध नीति-निर्देशों से है जो इसके चारों ओर खड़े कर दिये जाते हैं और न ही मनोविश्लेषण के अवशेषों से।

इस तरह आपको ऐसी कहानी मिल गयी जिसमें ढीला-ढाला प्लॉट था या नहीं था लेकिन आपने उस आख्यान में भी अपनी बढ़त की है, बल्कि आपने उसे कथा की तरह लिया ही नहीं, आख्यान की तरह लेकर उसमें बढ़त की। एक तरह से आपकी फ़िल्म निर्मल वर्मा की कहानी से अलग ही एक आख्यान है क्योंकि आप उनसे

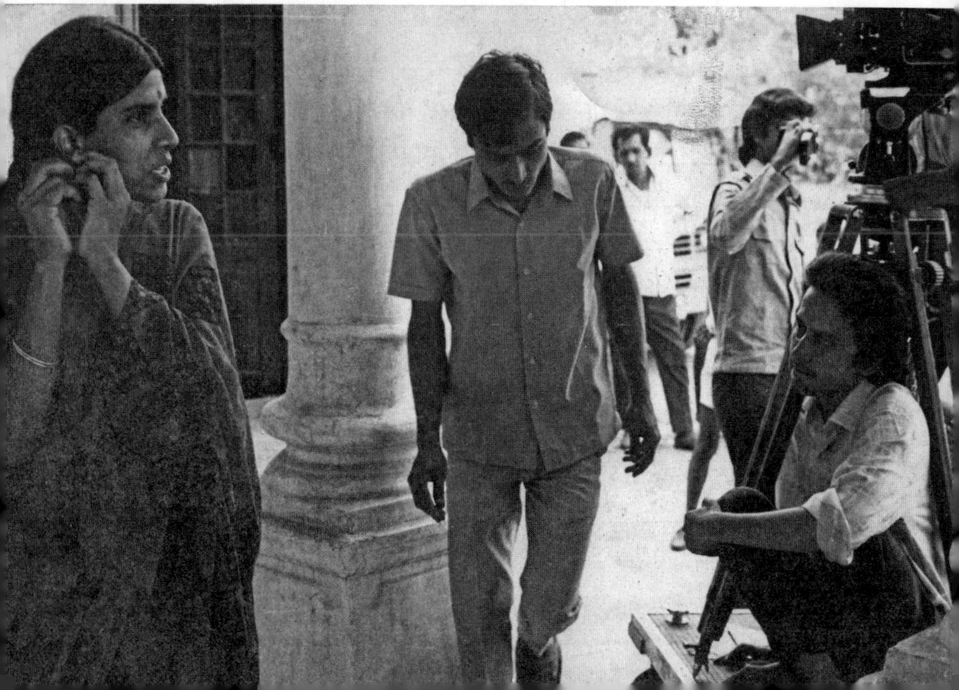

अलग व्यक्ति हैं। जैसे अनेक रामायणों की कथा एक-सी हो सकती है, पर उनके आख्यान अलग होते हैं। जब आप यह फ़िल्म बना रहे थे, आपने कथावस्तु की भी बढ़त की थी, क्यों? क्या फ़िल्म बनाते हुए आपको यह लगा कि इसके बग़ैर आपका आख्यान अधूरा रह जायेगा?

मैं यह विश्वास करना चाहूँगा कि कहानी में उपज के संकेत थे, जैसे उसमें काली मन्दिर का एक संकेत था, मैं वहाँ से लाल, काले और सफ़ेद रंग के नृत्य की ओर चला गया, जिससे मैं उसे हिंसा की आवश्यकता से जोड़ सकूँ। फिर उस कहानी में असम की हरीतिमा की चाहना भी थी, वह केवल चाहना थी, वहाँ वास्तविक असम नहीं था, वह काल्पनिक है। वहाँ उसका (कहानी की नायिका) भाई रहता है। यहाँ भी मैंने उपज की थी। भाई के लिखे पत्र में भी इसकी सम्भावना थी जो नाव की शृंखला के दृश्यों में है और जहाँ दोहराव के साथ संघनन भी होता है।

नीली दिगम्बरा की प्रस्तुति भी इसी उपज का अंग है। क्या इसका कोई सम्बन्ध ऋत्विक घटक की 'सुबर्ण रेखा' के 'बहुरुपिया' से है? कल जब ऋत्विक दा की वह फ़िल्म देख रहा था, मुझे इनके बीच एक सम्बन्ध दिखायी दिया।

तुम ठीक कह रहे हो, यह दृश्य वहीं से आया है और 'मेघे ढका तारा' से भी। उसके संगीत में भी 'मेघे ढका तारा' की ओर इशारा है। हमने पानी की आकांक्षा के लिए राग मल्हार का उपयोग किया था। भास्कर चन्दावरकर ने यह किया था। वे लगभग ऋत्विक घटक के शिष्य ही हैं। पहले जब भास्कर ने ज़रीन दारूवाला से मल्हार बजाने का आग्रह किया, वे बोलीं 'मैं मल्हार नहीं बजा सकती। आप जो स्क्रीन पर दिखा रहे हैं, उसमें बारिश कहाँ है?' भास्कर ने उन्हें बताया, 'कुमार अपने गुरु की फ़िल्म की ओर इशारा करने की कोशिश कर रहा है।' पर वे बोलीं, 'आप यह कैसे कर सकते हैं?' तब मैंने उन्हें बताया, 'यहाँ बारिश की चाहना है।' आपको उनके स्तर के संगीतकार को भरोसा दिलाना होता है, तभी वे उपज करते हैं। हरिप्रसाद

चौरसिया भी वहीं थे। उन्होंने वह बड़े आराम से कर दिया और उन्हें उसमें अन्तर्निहित सम्बन्ध भी पसन्द आये। इस तरह के संकेत कहानी में हैं और जब मैं अपनी फ़िल्म भाषा लाया, तब एक तरह की अन्तर्पाठीयता विकसित हो गयी।

आपने 'माया दर्पण' में इशारों और संकेतों की बात कही, क्या हम कह सकते हैं कि आपका महाकाव्यात्मक रूप की ओर लगाव तभी से विकसित होना शुरू हो गया था?

वह लगाव उसके पहले भी था, जब मैं फ़िल्म संस्थान में था क्योंकि ऋत्विक उस तरह सोचने लगे थे और जो पहली महान् फ़िल्म मैंने देखी थी, वह एक तरह से 'सुबर्ण रेखा' ही थी। मैंने यह महसूस किया था कि मैं इसी तरह कहीं पहुँच पाऊँगा। मुझे एक क़िस्म के देशप्रेम का आवेग अनुभव हुआ था। मुझे लगा था कि यह मेरी विरासत है और मेरे चारों ओर फैली है। मुझे उस विरासत पर गर्व था जो मुझ तक न सिर्फ़ ऋत्विक दा के रास्ते आयी थी बल्कि उसमें कोसाम्बी की भी भूमिका थी। हमारे आपस के बात करने के ढंग, हमारे एक-दूसरे से जुड़ने के तरीक़ों में भी यही अन्तर्पाठीयता हर जगह रहती है। मुझे नहीं लगता कि ऐसा यूरोप में है। बुर्ज़ुआ वर्ग ने भौतिक अर्थों में सफल सामाजिक रूपान्तरण के सहारे इसे अवरुद्ध कर दिया है। यह वही अर्थ है, जिसके सहारे यूरोप ने उपनिवेशीकरण किये। महाकाव्यात्मकता में आनन्द का अनुभव है जो आपको होता है और जिसे किसी भी तरह निश्चितताओं या उसी तरह के दबावों से समाप्त नहीं किया जा सकता।

पर वैसा पश्चिम में हो गया? आप मुझे 'सुबर्ण रेखा' को देखने के अपने अनुभव के बारे में बता रहे थे। आप उन दिनों, जैसा कि आप मुझे बता रहे थे, बम्बई में एक फ़िल्म क्लब के सदस्य थे और बहुत सारी फ़िल्में देखा करते थे। ऐसे परिवेश में जब आपने 'सुबर्ण रेखा' देखी, आपकी कैसी प्रतिक्रिया या प्रतिक्रियाएँ थीं? आख़िर आपको उसे पहली बार देखने में ऐसा कुछ ज़रूर लगा होगा जिसके

कारण न सिर्फ़ उस फ़िल्म बल्कि उसके फ़िल्मकार से आप पूरी ज़िन्दगी जुड़े रहे।

वह एक तरह की अप्रत्याशित उपलब्धि थी। जैसे कि इन दिनों मेरे लिए चीनी ऑपेरा है। पर वह उपलब्धि इससे भी अधिक विस्मयकारी थी। मैंने तब तक ऋत्विक दा के बारे में बहुत नहीं सुना था। मुझे सिर्फ़ इतना पता था कि ऋत्विक घटक नामक फ़िल्मकार अपनी फ़िल्म को दिखाने की इच्छा से आ रहे हैं। उस फ़िल्म को बम्बई में ऋत्विक घटक के साथ हम दो या तीन लोगों ने देखा और मैं यह सोचकर चकित रह गया कि दुनिया में कहीं भी ऐसी फ़िल्म बन सकती है। वह मेरे बड़े भाई की फ़िल्म जैसी थी। ज़ाहिर है वे आगे चलकर वही बन गये, बड़े भाई। फ़िल्म देखने के बाद मैंने उस अद्‌भुत फ़िल्म के बारे में दूसरे लोगों से भी बात करने की कोशिश की पर उसके लिए न तो मेरे पास आवश्यक शब्द थे, न छवियाँ। बाद के दिनों में मैं यह समझ सका कि वह क्या था जो मैंने उस फ़िल्म में अनुभव किया था।

उन दिनों आप बम्बई में पढ़ रहे होंगे? जहाँ तक मुझे पता है, आप वहाँ उस लरकाना से आये थे, जो पाकिस्तान का हिस्सा बनने को था।

लरकाना ही वह जगह है जहाँ मैं पैदा हुआ था। मेरा परिवार हैदराबाद सिन्ध से है। मेरा ज़्यादातर बचपन लरकाना में बीता है। हम छुट्टियाँ मनाने हैदराबाद और कराची जाते थे। मेरा मतलब मेरे पिता और बड़े भाई-बहनों की छुट्टियों से है। मैं हमेशा ही छुट्टी पर रहता था क्योंकि मैंने स्कूल जाने से इनकार कर दिया था।

आप विभाजन के समय शायद सात वर्ष के आसपास के थे? विभाजन का आप पर क्या असर हुआ था? मैं ऐतिहासिक घटनाओं की बात नहीं कर रहा, मैं यह जानना चाह रहा हूँ कि उस सबका आप पर क्या असर हुआ?

मैं ख़ासा अचम्भे में था और उत्तेजित भी। वह किसी नयी दुनिया में जाने जैसा था। हमें अचानक अपनी जगह छोड़कर नयी जगह आना पड़ा था। जब हम यहाँ आ गये, पीड़ा की शुरुआत हुई, उस 'खोने' की जो मैं अपने माता-पिता में देख सकता था। मैं सिर्फ़ सात वर्ष का था। हम आये और बोरिवली में रहने लगे जो तब बम्बई का दूर का क़स्बा था। शुरुआत में हम एक बँगले में रहते थे, जिसके बड़े-से अहाते में बहुत-से सुन्दर पेड़ लगे थे। मुझे पेड़ बहुत प्रिय थे। उसके बाद सभी लोग बीमार पड़ने लगे। वहाँ कुएँ का पानी आता था जो हमारे शरीर के लिए मुनासिब नहीं था। उन्हीं दिनों हमारे घर डाका भी पड़ा था। गाँधी की मृत्यु हुई पर उसे मैं समझ नहीं सका पर मैं उसके सदमे को देख सकता था, भीषण असुरक्षा को भी, जो वहाँ उत्पन्न हो गयी थी क्योंकि लोग यह कहते थे कि तुम पराये हो और वे हमारी तरफ़ इस तरह देखते थे मानो हम ऐसे लोग हों, जिन्हें वहाँ लौट जाना चाहिए, जहाँ से वे आये थे। वे हमें अक्सर मुसलमान समझते थे। यह सब मेरे लिए समझना मुश्किल था। मैं बच्चा था। मुझे मुसलमानों से

कोई समस्या नहीं थी, वहाँ भी जहाँ हम रह रहे थे और वहाँ भी जहाँ से हम निकाल दिये गये थे। मैं सोचा करता, 'मैं हूँ कौन?' मुझे उस सबका अर्थ स्पष्ट नहीं होता था, अलावा इस बात के कि मुझे उस उम्र में भी यह विचित्र लगता था कि आपको एक जगह इसलिए छोड़नी पड़ी क्योंकि वह इस्लामी राष्ट्र बन गया है और आप मुसलमान नहीं हैं। आप इस देश में आते हैं और लोग आपको मुसलमान कहते हैं। यह वही अनुभूति थी जो आपको तब होती है, जब आपसे यह कहा जाता है कि आप बाक़ियों जैसे नहीं हैं, आपकी भाषा अलग है, आपके रीति-रिवाज़, खान-पान अलग हैं। शुरुआत में अपने कोई और होने का एहसास बहुत तीख़ा था। फिर मेरे पिता की मृत्यु हुई। यह हमारे बम्बई आने के दो-तीन साल बाद की बात है। मैं नौ साल का था और मैं स्कूल जाने लगा था। इसके पहले तक मैं नहीं जा रहा था। मेरी माँ मेरे प्रति बहुत स्नेहिल थी, वह कहती थी, 'अगर स्कूल नहीं जाना चाहते, मत जाओ' पर जब पिता चले गये, मैं अपनी माँ के प्रति बहुत ज़िम्मेदार महसूस करने लगा। हालाँकि यह ज़रूर है कि वह असम्भव ज़िम्मेदारी का एहसास था। मैं सिर्फ़ नौ साल का था और कर भी क्या सकता था। ये तब के कुछ शुरुआती अनुभव हैं।

> इस विस्थापन ने आपको फ़िल्म बनाने की ओर किस तरह मोड़ा होगा, मैं यह प्रश्न इसलिए पूछ रहा हूँ क्योंकि आप कुछ दिन पहले यह कह रहे थे कि फ़िल्में अधिकतर उन लोगों ने बनायी हैं जो किसी न किसी रूप में अपनी जड़ों से कटे हुए थे...

मैंने बहुत हाल में यह अनुभव किया कि फ़िल्म बनाने का सम्बन्ध कुछ-कुछ विस्थापन से है। इसे मैंने अनुभव भले ही हाल में किया हो पर यह मेरे साथ पहले से रहा है। एक भाषा गढ़ने की आकांक्षा। अन्ततः वह इस तरह होता है : आपको भाषा गढ़नी पड़ती है क्योंकि आप अपने आसपास के लोगों से संवाद करना चाहते हैं, पर आप उनमें से एक नहीं होते। आपको बताया जाता है कि आप स्थानीय नहीं हैं, पर तब भी संवाद की ज़रूरत बनी रहती है। शायद इसीलिए लोग सिनेमा देखने जाते हैं, क्योंकि वह यह संवाद मुमकिन कर देता है, उसकी भाषा में रंग होते हैं, आवाज़ें और वह

भाषा भी जो हम बोलते हैं पर तब भी वह रची जाती है। सिनेमा पर रंगकर्म के जैसा बोझ नहीं है, क्योंकि विशेष अभिव्यक्ति की माँग रंगकर्म से जुड़ी होती है, सिनेमा से नहीं।

> जैसे हमारे पास पारसी रंगकर्म है लेकिन इस तरह का कोई सिनेमा नहीं है।

अलावा इसके कि मुझे शुरू से इस बात से घबराहट होती थी कि कुछ लोग मसलन ख़ुद को कन्नड़ फ़िल्मकार कहते हैं या उसी तरह का कुछ ज़ोर देकर कहते हैं या यह कहते हैं कि मैं भारतीय फ़िल्मकार नहीं हूँ, मलयाली हूँ। बहुत-से लोग इस तरह बोलते हैं और विश्व बाज़ार इस सबको प्रोत्साहित करता है।

> ऐसा कहकर फ़िल्मकार महाकाव्यात्मक सिनेमा की सम्भावना को ख़ुद ही अवरुद्ध कर देता है।

मैं भी यही सोचता हूँ।

> घटक की फ़िल्मों के अलावा आपने अपने फ़िल्म जीवन के आरम्भ में कौन-सी ऐसी दूसरी फ़िल्में देखी थीं, जिनका महाकाव्यात्मक रूपाकार से कोई भी सम्बन्ध था? क्या ज्याँ लुक गोदार की 'वीव रसे वी' (माय लाइफ़ टू लिव) भी उनमें से एक है?

नहीं। मैंने वह बाद में पेरिस में देखी थी। उन शुरुआती दिनों में हमने जो फ़िल्में देखीं जिनका सम्बन्ध महाकाव्यात्मक प्रकृति से था, उनमें आइज़ेन्स्टाइन की फ़िल्में विशेषकर 'युद्ध पोत पोटेम्किन (बैटिलशिप पोटेम्किन)' और कुछ बाद की फ़िल्में हैं जिनमें छवि और ध्वनि के बीच बहुत दिलचस्प सम्बन्ध हैं। लेकिन इस सम्बन्ध का मौलिक स्वरूप 'पोटेम्किन' में चरितार्थ हो गया था और यह भी है कि ऋत्विक दा आइज़ेन्स्टाइन से मिले बिना ही उन्हें अपना गुरु मानते थे। कहा जाता है कि कलकत्ते में उनकी पुस्तक

'फ़िल्म सेन्स' की केवल एक प्रति थी, उसी को सारे शहर ने पढ़ा था। हरेक उसे जितना बन पड़े, अपने जेब में रखना चाहता था। फ़िल्म संस्थान में रहते हुए मैंने ब्रेसाँ की फ़िल्में नहीं देखी थीं। गोदार की फ़िल्मों में तुम्हें महाकाव्यात्मक रूप को पाने की चाहना दीखती है पर वह चरितार्थ नहीं होती। वह गीतात्मक संरचना के प्रमाणों में ही बँधी रह जाती है।

आप ऋत्विक दा की फ़िल्मों के विषय में भी यह कह रहे थे कि वे कई बार मिथकीय रूप के परे नहीं जा पातीं। वे महाकाव्यात्मक होने की चाहना रखते हुए भी 'मिथकीय' रूप में ठहर जाते हैं...

इसीलिए उनकी संरचना में आद्यरूप (आर्किटाइप) इतने अधिक आधारभूत हो जाते हैं। मैं यह कह रहा हूँ कि मुझे यह बहुत अर्थपूर्ण लगता है कि उनकी फ़िल्मों का महाकाव्यात्मक और मिथकीय रूपों के बीच का आन्दोलन 'तीताश' देखते हुए तुम समझ सकते हो कि वह महाकाव्यात्मक है पर वह फिर से मिथक की तरह सुगठित हो जाती है। 'सुबर्ण रेखा' में भी 'बहुरुपिया' रामायण के विषय में जो कहता है, वह ख़ूबसूरत मिथकीय संरचना ही है। मिथकीय संरचनाएँ महाकाव्यात्मक रूपों से बहुत मौलिक स्तर पर कहीं अधिक ख़ूबसूरत होती हैं क्योंकि उनमें स्पष्टता होती है। उनका उपयोग कर्म के विस्तार में होता है। उनका उपयोग रोज़मर्रा का जीवन जीने में भी है और जिसे राजनैतिक कर्म कहा जाता है, उसमें भी। मिथकीय संरचनाएँ जैसी कि ऋत्विक दा की कृतियों में हैं। मोटे तौर पर राजनैतिक कहे जाने वाले कर्म में आवश्यक है।

एक काव्यात्मक संरचना जो राजनैतिक कर्म को सम्भव करती हो...

या एक अनुष्ठान, अपने सच्चे अर्थों में सामाजिक कर्म। क्योंकि मैं सोचता हूँ कि एक सच्चा मिथक अनुष्ठान में उत्पन्न होता है, जैसा कि शिकार के अनुष्ठान का लेवी स्त्रास और अन्यों ने वर्णन किया है। मिथक की संरचना में एक तरह की गति होती है। अगर आपको आकाश शूट करना है, उसका उलट बहुत ख़ूबसूरत होगा। आकाश शूट करने के लिए गड्ढा खोदना। यह

वास्तविक राजनैतिक कर्म में भी होता है, वह भी विपरीत का तर्क तैयार करता है जो निश्चय ही यान्त्रिक नहीं होता पर तब भी चीज़ें करने का सफल तरीक़ा होता है। आकाश में कुछ शूट करने के लिए गड्ढा खोदना तार्किक कर्म नहीं है लेकिन एक स्पष्ट निश्चय है और यह सामान्यतः बहुत सफल भी रहता है क्योंकि ऐसे अनुष्ठान सचमुच मौजूद हैं और लोग उनके सहारे क्रियाशील भी होते हैं। महाकाव्यात्मक रूपाकार में आपको मिथक की उपस्थिति की आवश्यकता निश्चय ही होती है पर उसे किसी जगह घुल सकना चाहिए या उसे कुछ देर के लिए स्वयं को मिथक की तरह दिख जाना चाहिए।

शायद आप कह रहे हैं कि मिथक को अपने आप को एक 'की गयी बुनावट' की तरह प्रदर्शित करना चाहिए।

और फिर घुल जाना चाहिए।

इस सबके बावजूद महाकाव्यात्मक रूपाकार और ऋत्विक घटक की फ़िल्मों में अनेक धुरियों की उपस्थिति के बीच कुछ समानता ज़रूर है।

बिल्कुल है, उनके बिना हम कहीं पहुँच नहीं सकते थे। वहाँ कई धुरियाँ हैं जो एक-दूसरे से खेलती हैं।

सिनेमा के अलावा, महाकाव्यात्मक रूपाकारों का आपके जीवन में किस तरह प्रवेश हुआ होगा।

शुरुआती सम्बन्ध भाषा में हुए अनुभव थे। मेरा आशय यह है कि जब विभाजन के कारण हमने अपनी भाषा को खोया, भाषा की चाहना और बढ़ गयी इसीलिए शुरुआती सम्बन्ध भाषा के भीतर बने। लोगों का अलग-अलग ढंग से बोलना और लिखना। इसका श्रेय विभाजन को भी है, और बम्बई और दूसरी तमाम चीज़ों को। मैं सोचता था कि हर भाषा मेरी भाषा है।

यही मेरा एकमात्र विकल्प था, किसी भी भाषा को अपनी न मानने का कोई सवाल ही नहीं था। मैं वैसा कह ही नहीं सकता था। अपनी मातृभाषा के अलावा मेरे चारों ओर बहुत सारी भाषाएँ थीं और वे मेरी आकांक्षा की तरह थीं, उन स्त्रियों की तरह जिनकी मुझे आकांक्षा थी। साहित्य के रास्ते ही मैं उनके सम्पर्क में आ सकता था क्योंकि साहित्य हर समय हर ओर स्पन्दित था, आप जब भी किसी कल्पनाशील व्यक्ति से बात करते थे साहित्य वहाँ होता था। इस तरह कम से कम हिन्दी, मराठी, फ़ारसी, सिन्धी, बंगाली, मलयालम मुझे घेरे रहती थीं। लोग इन भाषाओं का, उनकी मौजूदगी का आनन्द लेते थे। महाकाव्यात्मक अनुभव की शुरुआत वहाँ है। फिर ख़याल गायकी, थोड़ा-सा पश्चिमी संगीत, कुछ ध्रुपद और कर्नाटक संगीत भी आसपास थे। नृत्य की विधाएँ जो स्वयं गूढ़ भाषा होती हैं। इस तरह गूढ़ भाषाओं और सांगीतिक श्रृंखलाओं के बीच के सम्बन्ध भी ध्वनित होते रहते थे। वह सब एक तरह से श्रृंगारमय हो जाता था क्योंकि आप अन्य में रूपान्तरित हो जाते थे और इच्छा का जन्म होता था। आकांक्षा के लिए अस्पष्टता आवश्यक होती है। शुरू में मुझे कार्ल युंग समझ में नहीं आता था। मैं उन्हें ऋत्विक दा और ख़ुद अपनी दृष्टि से कुछ-कुछ प्रतिक्रियावादी समझता था लेकिन बाद में मुझे समझ में आया कि युंग भी अपने ढंग से इतिहास का सार प्रस्तुत कर रहे थे। वहाँ भी मिथकीय रूपाकार आ जाते हैं, वहाँ से उन्होंने कबीलों के बीच के सम्बन्ध आदि खोजे और उन सम्बन्धों का सार प्रस्तुत किया। इसीलिए ऋत्विक दा के महाकाव्य में मिथकीय रूपाकार लौटते हैं। ये चीज़ें ख़ुद मुझे अभी तुमसे बात करते हुए और साफ़ हो रही हैं। मैं सोचता हूँ मिथक का अपना एक औचित्य है, वह महाकाव्य के चरितार्थ होने में भूमिका निभाता है।

> जब आप अपनी पहली फ़िल्म संस्थान की डिप्लोमा फ़िल्म 'ग्लास पैन' बना रहे थे, उसमें भी जो एक चीज़ नहीं थी, वह 'प्लॉट' था। आप उस फ़िल्म में भी 'प्लॉट' से निजात पाकर उस फ़िल्म के पुरुष पात्र के स्त्री पात्र से सम्बन्धों पर एकाग्र होते हैं और जिसे मैं घूँघट कह रहा हूँ, उसके प्रकारों को उद्‌घाटित करते हैं, चाहे वह रेलगाड़ी के डिब्बे या कार के शीशा हो या कुछ और। आप

एक तरह से उस फ़िल्म में भी आख्यान को खोजने का प्रयास कर रहे थे।

'खोलना' सही शब्द है। मैं खुलना चाहता था। जबकि कुछ लोगों ने कहा कि वह बौद्धिक फ़िल्म है या इसी तरह की कोई फ़ुज़ुल बात। वे अलगाव (एलियनेशन) के बारे में बोले पर मैं समझ नहीं पाया कि वे उस फ़िल्म को इस तरह सीमित करना क्यूँ चाहते थे। मैंने अलगाव पर फ्रायड, मार्क्स के लेख पढ़ रखे थे और काफ़ी बाद में मैंने एण्टोनियोनी की फ़िल्में देखीं पर वह बात उस फ़िल्म के सन्दर्भ में सच नहीं थी। सच वह था जो तुम कह रहे हो : 'ग्लास पैन', घूँघट (वेल)। घूँघट रास्ते में आ जाता है पर वही रास्ता भी है। आप उसी रास्ते अपने गन्तव्य तक पहुँचते हैं। आप केवल उसी रास्ते 'वधू' बनाते हैं। वधू का सौन्दर्य तभी होता है, जब घूँघट होता है, वही उसे धुँधलाता है, वही प्रकट करता है। तुम्हें उद्घाटन की चाह होनी चाहिए क्योंकि दिया हुआ कुछ भी नहीं है।

क्या यह आपके मन में स्पष्ट था कि आप 'ग्लास पैन' में कोई कहानी नहीं होगी या ये इसलिए हुआ कि यही आपका स्वभाव है?

यह स्वभाव के कारण ही हुआ। यह मेरे मन में बिल्कुल भी स्पष्ट नहीं था। जब मैंने 'माया दर्पण' बनायी, मैंने सोचा था कि यह एक कहानी है। मेरे मन में यह बिल्कुल भी साफ़ नहीं था कि इसमें कोई प्लॉट नहीं है। यह तो बाद में हुआ कि जब मैंने उसको मुड़कर देखा तो पाया कि 'प्लॉट' नहीं है। यह मुझे 'तरंग' बनाते समय स्पष्ट था, मैं वहाँ एक ऐसा 'प्लॉट' बनाने का प्रयास कर रहा था, जिसमें अलग-अलग धुरियाँ सक्रिय होंगी। मुझे उस प्रचलित रिवायत में इसलिए रुचि थी क्योंकि वह महाकाव्यात्मक रूप के लिए आवश्यक है। ऋत्विक भी इस बारे में सजग थे, मसलन वे 'सुबर्ण रेखा' में संयोगों का इस्तेमाल करना चाहते थे। संयोग से मुख्य पात्र को वह आदमी मिलता है जो उसे नौकरी दिलवाता है, संयोग से वो अपनी बहन के पास जाता है, ऋत्विक दा इस युक्ति को चौंकाने के लिए इस्तेमाल करना चाहते थे।

सारे लोकप्रिय साहित्य का ढाँचा दरअसल संयोगों पर ही खड़ा होता है।

बिल्कुल और मेलो ड्रामा पर भी। उन्होंने वह सब इन्हीं से लिया था। ख़ुद अभि भट्टाचार्य, जो उस ज़माने के लोकप्रिय अभिनेता थे, शायद इसीलिए घटक से तादात्म्य स्थापित कर सके।

'ग्लास पैन' पर दर्शकों की क्या प्रतिक्रिया थी क्योंकि वह निश्चय ही आपकी फ़िल्मों को न समझने के लम्बे इतिहास की शुरुआत रही होगी?

कुमार–शुरुआती प्रक्रिया बहुत कुछ न समझने की ही थी। कुछ लोग ऐसे थे जो सिनेमा में रुचि रखते थे और वे मेरे दृष्टिकोण को देख पाये थे लेकिन इसके अलावा कोई बेहतर प्रतिक्रिया नहीं हुई। जैसे कई बार वे मुझसे कहते कि वह 'हैण्ड हेल्ड शॉट' आवश्यक नहीं था जबकि इससे ठीक

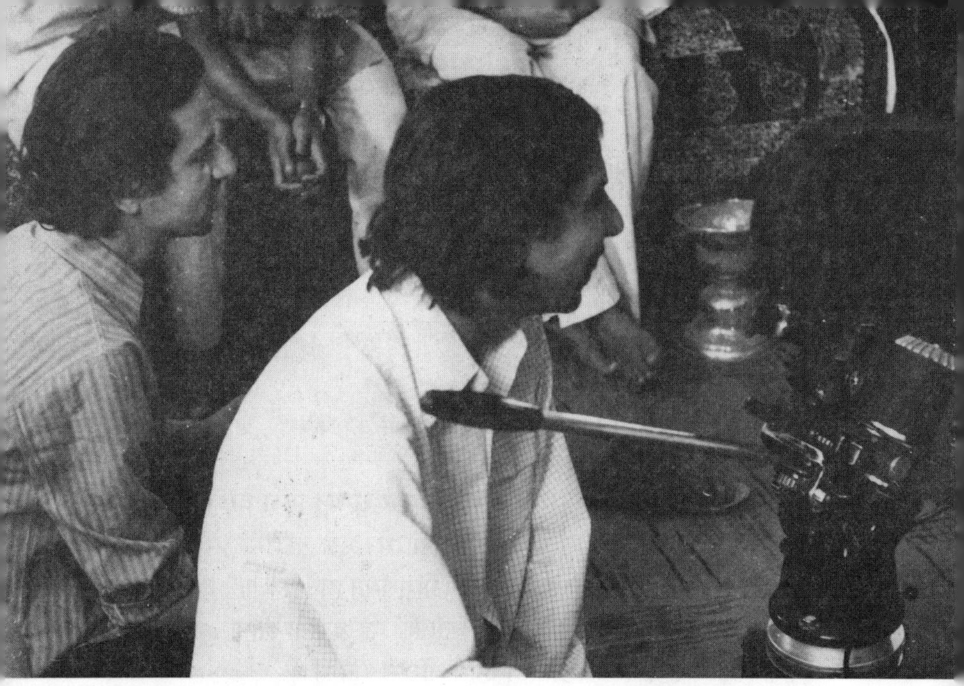

उलट उस शॉट में जो मैं करने की कोशिश कर रहा था, उसे एक तरह का सौन्दर्यात्मक आयाम उस ढंग ने दिया था। मेरा मतलब यह है कि 'हैण्ड हेल्ड शॉट' की कुछ सम्भावनाएँ हैं और सीमाएँ भी हैं, जहाँ आप उसका उपयोग कर सकते हैं। बाद के दिनों में के.के. महाजन से वैसा शॉट लेने का कई ने कहा पर उन जगहों पर उसकी अर्थवत्ता की कोई सम्भावना नहीं थी, वह कुछ वैसा ही था, मानो आप एक ऐसे छन्द का प्रयोग कर रहे हों, जो कविता में बुना हुआ नहीं है।

> लेकिन आपकी फ़िल्म 'ग्लास पैन' में 'हैण्ड हेल्ड शॉट' की संगति के विषय में क़ैमरामैन के.के. महाजन से कुछ लम्बी बातचीत हुई होगी।

नहीं। के.के. के साथ अद्‌भुत बात थी कि वे निर्देशक को, अगर उनकी उसमें रुचि हो, पूरी तरह समझते थे। वे यह महसूस कर सकते थे कि हर निर्देशक की अपनी कल्पनाएँ होती हैं जिन्हें चरितार्थ करना उनका काम

था। हम आपस में बात करते थे पर शूटिंग के समय आम तौर पर उसकी आवश्यकता नहीं होती थी। यह उनके लिए एक तरह से पीड़ादायक भी था क्योंकि यह करने में उन्हें ख़ुद अपने आप को रोकना पड़ता था। दरअसल वे एक माँ की तरह थे, जो अपनी भावनाओं और तकलीफ़ों को अनदेखा करती है ताकि वह बच्चे का पालन-पोषण कर सके।

इस मामले में फ़िल्मकार की कल्पना का पोषण...

हाँ। उनका इसी क़िस्म का सम्बन्ध फ़िल्मकार से बन पाता था, कम से कम मेरे लिए वे दाता थे। मैं सोचता हूँ वे दाता थे। मुझे नहीं मालूम कि इसके बदले मैंने उनके लिए क्या किया होगा। क्रैमरामैन होने का यही जादू है। वह अपना सब कुछ, पीड़ा आदि, दबा लेता है, यह दबाना इतना अधिक होता है कि कई बार वे फट पड़ते थे। आम तौर से रात में।

आपने एक क़िस्म की चाहना के विषय में अभी कुछ कहा था कि आप बात करना चाहते थे और आपको स्थानीय व्यक्ति की तरह स्वीकार नहीं किया जाता था। मैं सोचता हूँ कि इस चाहना ने आपको आपकी फ़िल्मों के कुछ चरित्रों को चुनने को प्रेरित किया है। वे सभी इस चाहना से भरे हुए हैं जैसे 'माया दर्पण' में 'तरन', 'ग्लास पैन' की मुख्य स्त्री पात्र, 'तरंग' में 'हंसा', और क़स्बा में 'छोटी बहू'। ये सभी जानने की चाहना से भरे हुए हैं। क्या आप सोचते हैं, जैसा कि मुझे लग रहा है कि इस चाहना ने आपकी फ़िल्मों में एक महत्त्वपूर्ण भूमिका निभायी है?

हाँ। यह एक तरह से उन सब रूपाकारों में भी थी जिनके बीच रहकर मैं बड़ा हुआ हूँ। ख़याल संगीत में यह चाहना भरी हुई है। उसके होने का स्वरूप ही विप्रलम्भ श्रृंगार है। उसमें और सब है पर उसमें मूलत: विप्रलम्भ है। बचपन में मेरी सुनी कविताओं में लगभग सभी भक्ति और सूफ़ी कविताएँ थीं। उनमें अधूरी चाहना के अलावा और कुछ नहीं है। आम तौर पर पूरी हुई आकांक्षा या चाहना का रूपक हमें आध्यात्मिक अनुभव तक नहीं ले

पाता, वह उसका पात्र नहीं बन पाता। दरअसल, सारी काव्यात्मक विधाएँ ख़ुद को इसी स्थिति में ले आती हैं। क्या यह तुम्हारे साथ भी सही नहीं है, मसलन तुम किन कविताओं के बीच बड़े हुए हो?

> उनमें भी अधिकांश भक्ति की कविताएँ होती थीं। मुख्य रूप से गोस्वामी तुलसीदास की कविताएँ क्योंकि वे हर ओर थीं, घर में और घर के बाहर।
>
> हमारी माँ हर सुबह 'रामचरितमानस' पढ़ती थीं, कई बार वे शाम को भी पढ़ती थीं। वह पाठ घर का दैनिक अनुष्ठान जैसा था जिसे हम सभी भाई-बहन अलग-अलग ढंग से प्रतिकृत होते थे पर हम सभी जाने-अनजाने उसे दर्ज करते ही थे। फिर कभी कबीर, सूरदास, मीरा आदि की कविताएँ भी मौजूद थीं लेकिन उनमें से अधिकतर स्कूली पाठ्यक्रम का हिस्सा थीं और वे भी कुछ समय बाद मेरा हिस्सा बनी होंगी। मैं यह विश्वास करना चाहूँगा कि ख़ुद मेरी कविता भक्ति कविता की एक तरह की सूक्ष्म संवेदना से आकार लेती है।
>
> कुछ फ़िल्मकारों के लिए यह चाहना उनके लिए प्रस्थान बिन्दु है पर आपके लिए नहीं क्योंकि आपकी फ़िल्मों में यह प्रस्थान बिन्दु नहीं बल्कि फ़िल्म का सूक्ष्म स्वरूप ही है।

शायद यही मेरी फ़िल्मों का शास्त्र है। यह मुझे मिला हुआ है और मैं समझ नहीं पाता कि इसका क्या किया जाये। कई बार अपनी फ़िल्में देखते हुए मैं अपने से कहता हूँ कि इन फ़िल्मों में इतनी अधिक चाहना इतने नंगे रूप में क्यों है? वह बहुत अधिक है। कई लोगों का सोचना है कि इन फ़िल्मों में मानो कोई राहत नहीं है। मुझे नहीं पता इसका मैं क्या करूँ। मैं यह बिल्कुल चाहता हूँ कि उन्हें वहाँ किसी तरह की ख़ुशी मिले, वह उन्हें मिलती भी है पर वे यह शिकायत भी करते हैं कि इसमें बहुत अधिक चाहना है। उसमें अन्य संवेदनाएँ भी हैं पर ज़ाहिर है वे उनके लिए हैं, जो उन्हें पा सकें। कई बार वे उन्हें नहीं पा पाते और मैं सोचता हूँ कि कहीं कोई दोष उनमें भी तो

नहीं है जिन्हें वे संवेदनशील नहीं लगतीं। उनका मैं तिरस्कार नहीं करता पर चिन्तित होता हूँ कि ऐसा कैसे हो जाता है। उन फ़िल्मों में संवेदनाओं का भी आधिक्य है।

दरअसल, उन दर्शकों को, उन फ़िल्मों में, अतिशय संवेदनाएँ पा सकना चाहिए। 'माया दर्पण' में अन्य विस्तारों के अलावा आपने 'चाहना' का फ़िल्म में कहानी के सन्दर्भ में जो विस्तार किया है, वह देखने लायक है। क़ैमरा जिस तरह कुर्सियों और दूसरी वस्तुओं के ख़ालीपन को रेखांकित करता है, उससे मेरे विचार में अभाव और इस तरह चाहना की गहरी संवेदना महसूस होती है।

यह बातचीत पूना विश्वविद्यालय के उद्यान में हो रही थी। हम ऊँचे पेड़ों और घास से घिरे और बादलों की छाया में बैठे थे। सामने विश्वविद्यालय की इमारत थी। दोपहर के प्रकाश को हल्की बूँदाबाँदी रह-रह कर फ़ीका कर जाती थी और विश्वविद्यालय की इमारत के पत्थर कुछ कोमल पड़ जाते थे। हम एक ऊँचे, घने पेड़ के नीचे बैठे थे और पूना की निःशब्द गिरती बारिश को देखते हुए बातें करते जा रहे थे।

जब हम पूना विश्वविद्यालय के इस अहाते में आ रहे थे, आपने सबसे पहले पेड़ों को ध्यान से देखा और उसके बारे में बात भी की। आपकी फ़िल्मों में भी पेड़ों का महत्त्वपूर्ण स्थान है। वे उनमें केवल परिवेश का भाग नहीं होते बल्कि वे अर्थमय उपस्थिति होते हैं।

जब मैं बच्चा था और जल रंगों से चित्र बनाता था, उनमें पेड़ ज़रूर होता था। यह बचपन से ही था : पेड़। मुझे याद है कि एक बुज़ुर्ग ने मुझसे पूछा था, 'तुम हमेशा पेड़ क्यों बनाते हो?' 'तरंग' फ़िल्म के लिए मैं एक पेड़ को ढूँढ़ने हर तरफ़ गया। मैं महाबलेश्वर गया, पूना गया, लोनावाला गया। लगभग वह सारा इलाक़ा मैं उसकी खोज में भटका और अन्त में मुझे वह महाराष्ट्र के रायगढ़ में मिला। वह फ़िल्म में गाने में आता है, बरगद का

पेड़ और उस पर मोर।

क्या आप भी सत्यजीत राय की तरह शूटिंग पर जाने से पहले स्केच बनाते हैं?

मैं वे अपने लिए बनाता हूँ। वे स्वरलिपि की तरह होते हैं, मैं उन्हें अपने सोचने के लिए बनाता हूँ। मान लो मैं किसी स्थान पर संक्रमिकता में एक रेखा या एक रूप की पूरकता के विषय में सोच रहा हूँ और मुझे उसमें संवेदनात्मक अनुगूँज सुनायी नहीं पड़ रही तो मैं वह अनुगूँज पाने के लिए दो-तीन ऐसी स्वरलिपियाँ बना लूँगा। सिर्फ़ संवेदनात्मक अनुगूँज के लिए ही नहीं पर शायद संवेदना और विचार के लिए या जिसे 'ध्वनि' कहते हैं।

पर वे सत्यजीत राय जैसे फ़िल्मकारों के बनाये हुए स्केच की तरह तो नहीं हुए?

नहीं। राय विज्ञापन की तरह मुकम्मिल स्केच बनाते थे और 'स्टोरी बोर्ड' से शूट करने की कोशिश करते थे। वह नक़ल की नक़ल थी। मुझे वह करना उचित नहीं लगा।

आप इस मसले में किन सीमाओं की ओर इशारा कर रहे हैं?

ये वे ही सीमाएँ हैं, जिनका प्लेटो ने ज़िक्र किया है। यह सच है कि मैं प्लेटोवादी नहीं हूँ पर इस क़िस्म की नक़ल में कुछ है जिस पर सवाल उठाना चाहिए। कला में नक़ल या इमिटेशन का समूचा विचार ही प्रश्नांकन के योग्य है। तब भी जब हम पश्चिम में सशक्त उस परम्परा से द्वन्द्वात्मक सम्बन्ध क्यूँ न बनाते हों? यह हमारी भारतीय कलाओं में भी है। हमें उसे अनुकूलित करना चाहिए पर उसके व्यवहार से बचना चाहिए। बहुत लोग जो इस आधार पर काम करते हैं, वे कला को केवल नक़ल के रूप में पहचानते हैं और इस तरह हरेक कलात्मक रूप को 'कमोडिफ़ाई' कर देते हैं। अगर आप उन्हें किसी और तरह से कला को पहचानने का प्रस्ताव

करेंगे, वे हड़बड़ा जायेंगे। कई लोगों के दिमाग़ में नक़ल और कला का सम्बन्ध जुड़ गया है। मैं ऐसा नहीं सोचता। मैं सोचता हूँ कि अनुकूलन की परम्परा को साध लेना चाहिए लेकिन उससे दूर चले जाना चाहिए। जो प्रतिरोध तुमने 'क़स्बा' में एक पत्थर में भी देख लिया था, वह इसलिए था क्योंकि उसमें भी जीवन है, पत्थर के टुकड़े में भी व्यक्तिपरकता है, उसमें अपने होने की स्वतन्त्रता है। यथार्थ की नक़ल करने में यह स्वतन्त्रता नकार दी जाती है। पत्थर महज़ एक वस्तु बनकर रह जाता है। नक़ल या यथार्थ के अनुकरण में इस तरह भ्रम का संयोजन ही वस्तु बनता है और जो संयोजन प्रस्तुत होता है, उसमें अपने सम्बन्धों के कारण वह वस्तु तयशुदा मूल्य पा जाती है। पर उसका मूल्य तो कहीं और है। दरअसल, उसका मूल्य उसके पत्थरपन में ही है। इसलिए अगर आप नक़ल की भी नक़ल करना शुरू करते हैं, आप उसके असली मूल्य को अवरुद्ध कर देते हैं, उसका वस्तुकरण कर देते हैं, उसे नियन्त्रित करने लगते हैं जबकि उस पत्थर को अपनी ही अनेक अर्थों वाली भाषा बोलने देना चाहिए। उसे किसी एक अर्थ या मूल्य में बाँधने के प्रयास का प्रतिरोध व्यक्त कर सकना चाहिए। उसे आपको चुनौती दे सकना चाहिए, उसे अपने को आपके सामने अपने अर्थों के साथ उपस्थित होना चाहिए।

वह आपकी उसे एक तरह के मूल्य में बाँधने की इच्छा को प्रतिरोध देता है।

बिल्कुल।

फिर आपके आख्यान का कोई भी रूप हो...

कोई भी संयोजन या आख्यान या और कुछ। उसे प्रतिरोध देना ही चाहिए।

यह दृष्टि शॉट लेते वक़्त भी अर्थपूर्ण भूमिका निभाती होगी।

मैं 'तरंग' के कुछ शॉट्स लेने के दौरान इस विषय में सजग हो गया था।

फिर यह सजगता 'ख़याल गाथा' के दौरान और बढ़ गयी।

क्या आपको उनमें से कुछ शॉट्स याद हैं?

उदाहरण के लिए, वही पेड़ वाला शॉट। अब मुझे याद आता है कि मैंने देखा है कि उस शॉट को देखते समय कभी-कभी कुछ दर्शकों की साँस रुक जाती थी क्योंकि उस पेड़ की अपनी स्वतन्त्रता उस शॉट में है। मुझे लगता है, यह ढंग अभी विकसित हो रहा है। जहाँ तक मुझे पता है 'क़स्बा' में तुमने जो देखा, वह बहुत कम लोग देख सके। वह अमरीकी औरत जिसने मुझे ख़त लिखा था, उसे यह सब सिरे से ही समझ में नहीं आया था, वह इस सबके क़रीब भी नहीं पहुँच सकी थी। इसीलिए जब लोग इन आयामों को बिना समझे मुझसे यह कहते हैं, 'तुम्हारी फ़िल्म बहुत ख़ूबसूरत है,' मुझे

'तरंग'

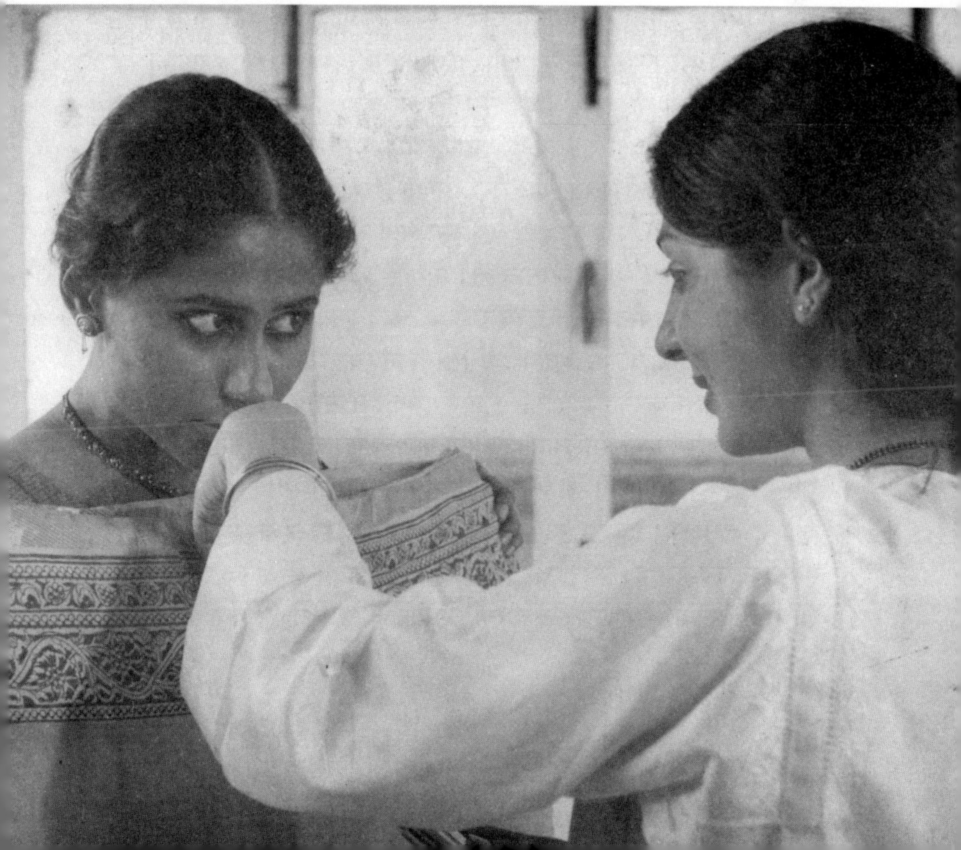

तकलीफ़ होती है। केरल में एक बार किसी दर्शक ने 'भावान्तरण' देखने के बाद मुझसे पूछा, 'तुम्हारी फ़िल्मों में इतना सौन्दर्य क्यों है?' रामचन्द्र गाँधी ने भी 'ख़याल गाथा' देखकर ऐसा ही कुछ कहा था। वे बोले थे, 'बहुत ज़्यादा सुन्दरता'। एक फ्रांसीसी आलोचक ने 'तरंग' देखने के बाद लिखा था कि यह फ़िल्म चकरा देने की हद तक सुन्दर है, इसे देखते हुए आप बीमार महसूस करते हैं। मैंने उनसे पूछा था कि उन्हें फ़िल्म में सुन्दरता से क्या मुश्किल है? उन्होंने कहा कि इस सौन्दर्य में नकार है, हिंसा नहीं। मैंने उनसे कहा, 'तुम उसे कुछ क़रीब से देखो, तुम्हें किसी भी सुन्दर चीज़ को क़रीब से देखना होता है। मैं सिर्फ़ अपनी फ़िल्म की बात नहीं कर रहा हूँ। तुम जाकर किसी ख़ूबसूरत फूल को क़रीब से देखो या ऐसी ही किसी सुन्दर चीज़ को, तुम्हें उसमें ढेर-सी हिंसा मिल जायेंगी।'

> शायद तब ही रिल्के ने यह लिखा था, सुन्दरता आतंक की शुरुआत है। दरअसल, हिंसा वहाँ परदे की ओट में होती है।

रामू (रामचन्द्र गाँधी) ने जब यह बात कही, मुझे पीड़ा हुई। मैंने उनसे कहा, 'आप अभी मेरे साथ चलिये, आप वह फ़िल्म अभी देखिये, आपको यह करना ठीक लगे या नहीं।' मैंने उनसे यह भी कहा, 'आपने जो कहा है, मैं उसे मानता हूँ कि वहाँ सौन्दर्य है, शायद असह्य सौन्दर्य है पर आपको उसे उस तरह व्यक्त नहीं करना था, जैसा आपने किया।' मैं चाहता था कि वहाँ असह्य सौन्दर्य हो और आपको वह असह्यता सहना पड़े पर साथ ही उसी में से फ़िल्म की अर्थवत्ता उत्पन्न हो। मैं कोई ख़ूबसूरत या सम्मोहक वस्तु नहीं बना रहा हूँ। मैंने उन्हें 'ख़याल गाथा' के बिम्बों में कई तरह से प्रवेश की सम्भावना के बारे में बताया जो मुझे मिनिएचर चित्रों से मिली थी और जिसे फ़िल्म में करना बेहद मुश्किल है। मैंने इस सबके बारे में विस्तार से एक व्याख्यान 'अन्तरराष्ट्रीयवाद को प्रश्नांकित करते हुए' में बोला था, उन मुश्किलों के बारे में भी जो लेंस से काम करते हुए ऐसा करने में आती हैं क्योंकि लेंस और फ़िल्म स्टॉक और रूपाकार में रेनेसाँ के सिद्धान्त बहुत हद तक पैठे हुए हैं। मिनिएचर चित्रों के जैसे फ़िल्म में अनेक प्रवेश और साथ ही अनेक यथार्थ प्रकट करना आसान काम नहीं है, क्योंकि फ़िल्म

की तकनीक ही इसे प्रतिरोध देती है। कुछ अँग्रेज़ आलोचकों ने मुझसे यह पूछा है कि तुम इस तरह शॉट लेकर उससे इतना कुछ क्यूँ पाना चाहते हो? अगर हम तुम्हारे काम को सिनेमा कहें तो हमें वह बहुत-सा सिनेमा निरस्त करना होगा जो तुम्हारे पहले बनाया गया है इसलिए हम 'ख़याल गाथा' को स्वीकार ज़रूर करेंगे पर सिनेमा की तरह नहीं बल्कि एक कला रूप की तरह। क्या तुम कल्पना कर सकते हो कि 'ख़याल गाथा' के बारे में यह कहा गया था। दूसरी ओर श्रीलंका, चीन, ईरान और तुर्की के फ़िल्मकार जब मुझसे मिले, उन्होंने मुझसे कहा कि उनको 'ख़याल गाथा' ने बहुत भीतर तक छुआ। यह उनकी आरम्भिक प्रतिक्रिया थी। वे बोले, 'हमें पहली बार लग रहा है कि यह हमारी फ़िल्म है, कि हमारी संस्कृतियों के भीतर से भी स्वतन्त्रता का अनुभव फ़िल्म में हो सकता है।' शायद हेडेगर ने कहा था कि जापानी, भारतीय और चीनी अपने सांस्कृतिक दृष्टिकोण के कारण सम्भवत: फ़िल्म नहीं बना सकते। मुझे लगता है हेडेगर ने यह कहा था। यह नासमझी थी। उन्हें कहना चाहिए था कि केवल तकनीक यह नहीं कर पायेगी पर तकनीक एक चीज़ है और हम जो फ़िल्म बनाते हैं, वह दूसरी।

> हमने फ़िल्म संस्थान में तीन फ़िल्में साथ बैठकर देखी हैं : माय लाइफ़ टू लिव (गोदार), बाल्थाज़ार (ब्रेसाँ) और सुबर्ण रेखा (ऋत्विक घटक)। इसी क्रम में हमने 'तरंग' भी देखी। मैं सोच रहा था कि इन तीनों ही फ़िल्मों में स्त्री चरित्रों के माध्यम से ही महाकाव्यात्मक अनुभव या महाकाव्यात्मक रूपाकार चरितार्थ होते हैं। आपकी फ़िल्मों में इसका क्या कारण हो सकता है? ऐसा क्यूँ है कि इन तीनों फ़िल्मों में चाहना अपने को व्यक्त करने स्त्री पात्रों को चुनती है?

कवियों ने भी अपनी आध्यात्मिक पुकार के लिए स्त्रीत्व का प्रयोग किया है। उन्होंने स्त्री चेतना को ही प्राथमिकता दी है इसलिए मेरा अनुमान है कि यह कुछ ऐसा है जिसे मैंने विरासत में पाया है या शायद यह मेरा अपना स्वभाव है या शायद इन दोनों का संयोग। मैं कई बार इस पर विचार करता हूँ कि ऐसा क्यूँ होता है। आख़िर हम सिर्फ़ पुरुष ही नहीं हैं कुछ और भी हैं, पर

क्या ऐसा ही है? कहीं ऐसा तो नहीं कि हमारे भीतर भी स्त्री चेतना है। क्या हम कवि, फ़िल्मकार, संगीतकार आदि की व्यक्तिपरकता स्त्रैण होती है? मैं यह समझ नहीं पाता। मैं सोचता हूँ कि इसे 'स्त्रीत्व' कहना ठीक नहीं है। क्या ऐसा करना 'तत्त्ववाद' (इसेंशिलिज़्म) नहीं हो जायेगा। इसकी मुझे चिन्ता होती है। मैंने ऐसी कोई चीज़ नहीं देखी, जिसमें इस तरह की चाहना को पुरुष व्यक्तिपरकता के सहारे व्यक्त किया हो। क्या तुमने देखा है?

दरअसल, ख़ुद आपकी एक फ़िल्म में 'मनमाड़ एक्सप्रेस' में वह चरित्र पुरुष है। मैंने यह अनुभव किया है कि आप अपनी एक फ़िल्म से दूसरी में जाते हुए अपने एक या एक से अधिक पात्रों का विस्तार करते हैं, मसलन हंसा। हम 'तरंग' की हंसा को 'ग्लास

'तरंग'

> पैन' की अंजलि के विस्तार की तरह भी देख सकते हैं। ऐसा लगता है कि उन्हें आप सीमित उपस्थितियों की तरह नहीं बरतते। वे वस्तुओं की तरह नहीं बरती जातीं...

मैं अपनी फ़िल्म के अन्त में 'समाप्त' लिखना पसन्द नहीं करता लेकिन मेरी फ़िल्मों के निर्माता उस तरह का कुछ कर देते हैं। वे लगा देते हैं क्योंकि उन्हें उसकी ज़रूरत होती है।

> जब आप, 'तरंग' बना रहे थे, क्या आपको 'हंसा' के चरित्र के विषय में सोचते समय 'ग्लास पैन' की याद आयी थी?

दरअसल नहीं। फिर किसी ने मुझसे पूछा कि ऐसा कैसे है कि तुम मार्क्सवादी होते हुए भी 'हंसा' के प्रति इतने अधिक संवेदनशील हो? पहले तो मैंने कहा कि मैं तो सेठ जी, अमोल पालेकर आदि के चरित्रों के लिए भी संवेदनशील हूँ क्योंकि इसके बग़ैर मैं उन्हें वास्तविक नहीं बना सकता। अगर मैं दूसरों की पीड़ा नहीं देख सकता, मैं कुछ नहीं दिखा सकता। मुझे वह दृश्य याद है, जब अमोल स्मिता पाटिल को घर से निकालते हैं, वह उसे शॉट के अन्त में माँ की गाली देती है। स्मिता के निकल जाने के बाद भी मैंने कैमरे को अमोल पर बनाये रखा। मैं चाहता था कि अमोल को काँपते हुए दिखा सकूँ। एक तरह से उसे चोट लगती है। उसकी हिंसा उसे ही खा रही थी। फिर मैंने वहाँ एक शब्द रखा, एक आवाज़, जिससे उसे सान्त्वना मिल सकती हो लेकिन 'हंसा' के साथ मैं हमेशा ही उस बिन्दु पर रहा। एक तरह से उस क़िस्म की स्त्रियों के प्रति मेरे मन में अनुराग जैसा कुछ रहा है।

> हंसा आम बुर्जुआ स्त्री नहीं है, वह आद्यरूपात्मक (आर्किटाइपल) चरित्र भी नहीं है और यह भी सही है कि आपने इस फ़िल्म में उस चरित्र को निभाती अभिनेत्री को भी उसके अपने स्वभाव को व्यक्त करने का मौक़ा दिया। तब भी हंसा के चरित्र में अभिनेत्री के स्वभाव से कहीं अधिक आख्यात्मक चरित्र उपस्थित है...मुझे लगता है कि हंसा के बनने में आपकी यादों ने भी सहयोग किया है। उस एक

> हंसा में कई हंसाएँ हैं।

उसमें एक से अधिक हंसाएँ हैं जो साहित्य से भी आयी हैं—जैसे शेक्सपियर की ऑफ़ेलिया और इसे मैंने उसके फूलों की उपस्थिति में बाथ-टब में मरने से स्पष्ट भी कर दिया है। और वहाँ भी मैंने उसके और स्मिता पाटिल के चरित्र के बीच के सम्बन्ध में मिथकीय संरचना का उपयोग किया है। स्मिता अप्सरा है जो जल से उत्पन्न होती है, हंसा जल में मृत्यु के मोटिफ को रेखांकित करती है। इस क़िस्म की स्पष्टता भी मिथकीय ही है और ज़ाहिर है उर्वशी पुरुरवा के मिथक से आयी है। वह जलपक्षी की तरह अपनी सखियों के साथ बाहर आती है, वे सभी सखियाँ हंस हैं और उस (स्मिता) का नाम जानकी है। ये सारे मिथकीय ढाँचे हैं। यह एक बहुत बारीक़ सवाल है कि क्यों कुछ चीज़ें मिथकीय संरचना की ओर जाती हैं और कुछ महाकाव्यात्मक रूपों की ओर। मैं सोचता हूँ कि यह दरअसल पाठक पर निर्भर करता है कि वह महाकाव्य को किस तरह पढ़ता है? मुझे यह पता नहीं, पर हो सकता है कि कलाकृति में भी कुछ ऐसा होता हो जिससे यह दिशा तय होती हो। ऐसा नहीं हो सकता कि सारा कुछ पाठक पर ही निर्भर हो। लेकिन ऐसा कुछ पाठक और कृति के आपसी भीतरी रिश्तों में ज़रूर होगा जो या तो उसे 'मिथकीय' की ओर ले जाता है या 'महाकाव्यात्मक' अनुभव की ओर।

> शायद महाकाव्यात्मक रूपाकार इस तरह आगे बढ़ते हैं मानो उनकी कोई सीमा ही न हो। जबकि मिथकीय रूपाकार इस तरह बढ़त करते हैं मानो उसकी एक निश्चित सीमा हो...

दरअसल, मिथक की सीमा होनी ही चाहिए। मिथकीय रूपाकार में तत्काल कर्म की उत्प्रेरणा होनी चाहिए। एक सचमुच बेहतर मिथक की प्रकृति कुछ ऐसी है कि वह अपने को एक ऐसे सम्बन्ध में संयोजित करता है कि तत्काल कर्म हो सके जबकि महाकाव्य वास्तविकता की प्रकृति पर विचार करने जैसा कुछ है। उसे पुनर्संकेतन कर सकना चाहिए, उसे हर कर्म का पुनर्संकेतन कर सकना चाहिए। वह कर्म भले ही आदत बन गया हो या

वह अभिशापवश अस्तित्व में आया हो जैसा द्रौपदी का था, जब उसे भूखे पाण्डवों के लौटने पर उन्हें खिलाने को खाना नहीं मिल पाता और वह कृष्ण को पुकारती है या जब उसे कहा जाता है कि पाँच भाई उसका साझा करेंगे। यहाँ हर चीज़ का पुनर्संकेतन है, सम्बन्धों का भी। अर्जुन की स्वीकृति संसार को देखने का ढंग बन जाती है, वह ढंग जिससे उस संसार से जुड़ना होता है जो एक विशेष कर्म को सम्भव करने की ओर प्रवृत्त करता है। पाण्डवों के स्वभाव में ही यह द्वन्द्व है : तुम्हें क्या करना चाहिए? उनका स्वभाव प्रश्न है। युधिष्ठिर तक के पास प्रश्न है। वह मूर्तिमान सत्य, धर्म है और वह स्वयं इतनी पीड़ा सह रहा है, वह कर्म नहीं कर पा रहा। वह वाक्य जो कुन्ती कृष्ण से युधिष्ठिर को कहने के लिए कहती है, डरावना है। वह कृष्ण से कहती है कि वह युधिष्ठिर से कहे कि वह युद्ध में जाये। वह कृष्ण से उसे वह कहानी सुनाने को कहती है जिसमें एक माँ अपने बेटे से कह रही है, 'मैंने तुम्हें अपनी योनि से जन्म दिया है, गुदा से नहीं।' सोचो, यह क्या भयानक बात है।

> आप ख़ुद अपनी फ़िल्मों के कई 'मोटिफ़' अपनी दूसरी फ़िल्मों में इस्तेमाल करते हैं। आप बढ़त करते हैं, सिर्फ़ अपने चरित्रों की ही नहीं बल्कि इन मोटिफ़्स की भी। मसलन 'माया दर्पण' में तरन अधिक से अधिक अन्तर्मुखी होती जा रही है, इसे इंगित करने आपने यह दिखाया कि वह अपने पैरों को अपनी साड़ी के घेरे के भीतर खींच लेते हैं जबकि 'ग्लास पैन' में स्त्री पात्र के पैर ठहरे हुए हैं, वह उन्हें वहाँ मौजूद पुरुष पात्र की ओर नहीं बढ़ाती। मुझे लगा कि आप 'ग्लास पैन' के उन पैरों को बीस साल बाद 'माया दर्पण' में ले गये और वहाँ से कुछ और फ़िल्मों में भी। कुछ ऐसे झुकाव होते हैं जो फ़िल्मकार एक फ़िल्म से दूसरी में अनजाने ही ले जाता है।

यह बढ़त के भीतर एक और बढ़त की प्रक्रिया की तरह है। मैं रंग को अन्त के ढंग की तरह लेकर काम कर रहा था, इसलिए मैं ऐसे कुछ शॉट्स भी ले सका, जिनके विषय में मैंने बढ़त की सम्भावना की तरह सोचा भी नहीं

था : क्योंकि तरन के कपड़ों के रंग से जो ऊर्जा निकल रही थी, वह उसके पैरों से प्रकट हो जाती है, जबकि लोग यह कभी नहीं सोचते कि पैर भी कुछ अभिव्यक्त कर सकते हैं। मानो पैरों में न तो कोई संवेदनात्मक न कोई ऐन्द्रिक ऊर्जा होती हो। लेकिन उनमें होती है। वह मेरे लिए रंगों के सहारे कुछ खोज लेने जैसा था, जैसा कि तुम देख सके। उनका कोई दूसरा प्रभाव भी होता ही होगा।

किसी कलाकार को किसी एक विशेष शैली के आधार पर परिभाषित करने की जगह, मुझे लगता है, हमें उसके कृतित्व के बारे में बात करते हुए उन 'मोटिफ़' के बारे में बात करना चाहिए जो उसके काम में आते रहते हैं। अब जब हम शैली के सवाल पर, भले ही अनायास, आ ही गये हैं, आप मुझे यह पूछने की इज़ाज़त दें कि आप उसके बारे में क्या सोचते हैं?

वह केवल ट्रेड मार्क है।

केवल ट्रेड मार्क?

नहीं। मेरा मतलब है कि वह वैसी बन जाती है, अगर हमारे समय में कोई कलाकार उसको प्राथमिकता देता है। उसका मेनरिज़्म ही उसकी शैली बन जाता है और यह उपभोक्ता वस्तु बनने की, जिसे कमोडिफ़िकेशन कहते हैं, की शुरुआत है। मसलन, चार्ली चैपलिन पहला फ़िल्म स्टार था, इसलिए उसके उपभोक्ता वस्तु बनने की प्रक्रिया में उसे हर बार एक-से कपड़े, एक-सी भंगिमाएँ और एक-से करतब करने पड़ते थे। यह सब बाज़ार से प्रेरित था। यह पूछना चाहिए, 'किन दूसरे रास्तों से शैली प्रकट होती है।' यह किसी कलाकार का अपने आत्म की भाषा की खोज के रास्ते होता है। लेकिन बाज़ार इसे बीच में ही थाम लेता है और आपका संकुचन हो जाता है। अवाँगार्द कलाकार भी किन्हीं बनी-बनायी धारणाओं में बँध जाते हैं, एक तरह के खाँचे में फँस जाते हैं। जब कोई मुझे अवाँगार्द कलाकार कहता है, मुझे बहुत अटपटा लगता है। यह विचार जिस तरह समझा गया है, उसके

कारण आप एक ऐसी स्थिति में बाँध दिये जाते हैं, जो बीत चुकी है। मैं यह कहना चाहता हूँ कि मुझे जो बीत गया है, उसे छोड़ना होगा और अपनी फ़िल्म को किसी शैली में बाँधने से बचना होगा।

जिससे आप अपने अतीत का भी पुनर्विन्यास करते रह सकें...

हाँ, उसे पुनर्विन्यस्त करता चलूँ। मसलन 'क़स्बा' में बहुत व्यंग भाव है, जो उसमें प्रवेश का वास्तविक रास्ता बन गया है। उनके कामों पर बनी फ़िल्मों और नाटकों में चेख़व के प्रति व्यवहार को देखकर मुझे बहुत असन्तोष होता है। मैंने उसका कारण यह खोजा है कि चेख़व किसी स्थिति आदि पर व्यंग्य करते समय ख़ुद पर भी कटूक्ति करते हैं। लेकिन निर्देशक और अभिनेता केवल संसार पर हँसते हैं। और इस तरह वे संसार का विद्रूप प्रस्तुत करते हुए ख़ुद भी विरूपित हो जाते हैं। जबकि चेख़व पर फ़िल्म बनाते या नाटक करते समय शुरुआत ख़ुद पर कटूक्ति करने से करना चाहिए और केवल तब अभिनेताओं को आने देना चाहिए और रंगों के अन्तर्सम्बन्धों, भू-दृश्यों को इस तरह आना चाहिए कि वे एक तरह का अटपटापन अभिव्यक्त कर सकें। जब वह अटपटापन, वह हास्यास्पद अस्तित्व, 'होना' मात्र बन जाता है, तब आप वहाँ से उन सभी चीज़ों के प्रति सम्मान व्यक्त कर सकते हैं, जो विद्यमान है। चेख़व की कहानियाँ अधिकांशत: ईसाई परम्परा पर आधारित हैं पर हम उन्हें बौद्ध परम्परा पर आधारित कर सकते हैं क्योंकि पौर्वात्य ईसाई परम्परा के कुछ आयाम शायद बौद्ध धर्म से आये हैं, ऐसा मेरा विचार है। वे उस पूरे अंचल या उस पूरी पट्टी से आते हैं जो कुर्दिस्तान से होती पाकिस्तान से गुज़रती भारत आदि तक आती हैं। इसकी सम्भावना बहुत है कि वह बौद्ध और पारसी और कुछ अन्य पुरानी परम्पराओं (जिसे सूफ़ी लाये थे, जो बुद्ध की तरह ही ईश्वर में विश्वास नहीं करते थे) से होकर गुज़रती है। सूफ़ी ईश्वर में विश्वास भले न करें, वे उसे पुकारते हैं। वे अपनी 'पुकार' पर आस्था रखते हैं।

जब हम पूना विश्वविद्यालय के परिसर से वापस आ रहे थे, कुमार

'क़स्बा'

बोले कि वे हवा में घुल जाना चाहते हैं, बिल्कुल यूँ ही और यह कि वे एक ऐसी फ़िल्म बनाना चाहते हैं जिसका कोई अन्त न हो। वे बोले, 'जब तुम शेक्सपियर का नाटक पढ़ते हो, वह वहाँ समाप्त नहीं होता, जहाँ वह समाप्त होता है।'

अब आपके फ्रांसीसी फ़िल्मकार रोबेर ब्रेसाँ से सम्बन्ध के बारे में बात करते हैं। आपका उनसे और उनकी सर्जनात्मकता से गहरा सम्बन्ध रहा है।

जब मैंने पहली बार 'ओ ज़ार बाल्थाज़ार' देखी। मैंने अपने दोस्तों से कहा, 'मुझे ऐसी फ़िल्म के पश्चिम से आने की कोई उम्मीद नहीं थी।'

क्या आपने ब्रेसाँ की फ़िल्म पहली बार फ्रांस में देखी थी? क्या फ्रांस जाने के पहले आपने ब्रेसाँ का नाम तक नहीं सुना था?

मैंने 'द डायरी ऑफ़ दी कण्ट्री प्रीस्ट' के बारे में सुना था और मैंने उनके बारे में कुल चार पंक्तियाँ पढ़ी थीं। मुझे याद है कि एक बार ऋत्विक से बात करते हुए मैं फ़िल्म संस्थान के पास वाली पहाड़ी के रास्ते पर जा रहा था। मैं आज भी हम दोनों को उस सड़क पर रुका हुआ देख सकता हूँ। मैंने उनसे यूँ ही पूछा, 'आप बुनुएल, फेलिनी, एण्टोनियोनी (वे एण्टोनियोनी को पसन्द नहीं करते थे पर उसे मूर्धन्य फ़िल्मकार मानते थे) की बात करते हैं पर आपने कभी ब्रेसाँ की बात नहीं की और हाल में मैंने उनके बारे में चार बहुत दिलचस्प पंक्तियाँ पढ़ी हैं।' वे मुझसे बोले कि ब्रेसाँ बिल्कुल ही अलग शख़्स है। वे सिर्फ़ यह बोले। उन्होंने उनकी फ़िल्में भी नहीं देखी थीं। उन्होंने भी उनके बारे में सिर्फ़ पढ़ा था, ज़ाहिर है मुझसे अधिक या ये भी हो सकता है कि उनकी फ़िल्में उन्हें याद न रही हों। उसके बाद किसी ने मुझसे ब्रेसाँ की चर्चा नहीं की। मैंने उनकी फ़िल्म बिल्कुल संयोग से देखी जैसा कि मैं तुम्हें बता रहा था कि फ्रांस में फ़ेलोशिप के दौरान मैं फ्रांसीसी भाषा सीखने गया था। एक दिन मैं अपने दो जर्मन मित्रों के साथ ब्रेसाँ की फ़िल्म देखने गया। मैंने उनका नाम भर सुना था। फ़िल्म बाल्थाज़ार, के शुरू होने के कुछ वक़्त बाद मेरे दोस्त उठकर जाने लगे। मैंने उनसे कहा, 'मैं इसे दुबारा भी देखूँगा। तुम लोग जाओ।' मुझे उनकी वह फ़िल्म देखकर लगा कि ये एक ऐसे शख़्स हैं, जो वैश्विक संस्कृति में डूबे हुए हैं। और यह भी कि उनकी फ़िल्मों में एक विशेष गुणवत्ता थी। मैंने सोचा, 'ये वो व्यक्ति है जिसके साथ मुझे काम करना चाहिए। यह मुझे कुछ सिखा पायेगा। मैं इससे कुछ सीख पाऊँगा।' क्योंकि जब मैंने गोदार और न्यू वेव के दूसरे फ़िल्मकारों और ब्रेसाँ के समकालीनों को देखा था, मुझे महसूस हुआ था कि वे मुझे कुछ विशेष नहीं सिखा सकते। मेरे पहले से ही दो अद्‌भुत गुरु थे, ऋत्विक घटक और डी.डी. कोसाम्बी। मेरा ब्रेसाँ से मिलने का एक सुखद संयोग हुआ था और मुझे लगा था कि मैं उनसे कुछ सीख सकूँगा और मैंने सीखा। मैं फ्रांस में और समय बर्बाद नहीं करना चाहता था। मैं भारत आकर काम करना चाहता था। इसलिए मैंने पेरिस लौटते ही उन्हें ख़त लिखा।

यानी आपने 'बाल्थाज़ार' पेरिस में नहीं, फ्रांस के ही किसी और

शहर में देखी थी।

मैंने यह फ़िल्म लियो में देखी थी जहाँ मैं फ्रांसीसी भाषा सीख रहा था। वहाँ से पेरिस आते ही मैंने उन्हें ख़त लिखा और जो लोग मुझे अध्येतावृत्ति दे रहे थे, उनसे कहा कि मैं ब्रेसाँ के साथ ही काम करना चाहता हूँ। पेरिस के 'स्कूल ऑफ़ सिनेमा' में मुझे 'मुक्त श्रोता' का दर्ज़ा दिया गया था और इसलिए मैं जिस कक्षा में चाहता, बैठ सकता था। मैं ख़ासकर संगीत की कक्षाओं में जाता था। संगीत के शिक्षक भारतीय संगीत नहीं सिखा रहे थे, वे पश्चिमी और अफ्रीकी संगीत सिखाते थे और अन्य महाद्वीपों के संगीत के विषय में भी बताते थे।

उनके सिनेमा से सम्भावित सम्बन्ध के बारे में भी?

हाँ। लेकिन ज़्यादातर वे संगीत के बारे में ही बात करते थे जिसमें मुझे रुचि थी। दूसरी चीज़ें मुझे वहाँ सीखने की ज़रूरत नहीं थी। मैं उनसे कहता था कि इस स्कूल में संगीत के सिवा मुझे सीखना बहुत नहीं है। वे मूलत: पश्चिमी संगीत सिखाते थे (उसके विषय में मैं आज भी बहुत नहीं जानता), लातीन अमरीकी संगीत या पेरूवियन इण्डियन के संगीत के बारे में। मैंने ब्रेसाँ से सीधा सम्पर्क भी किया। मैंने उनके घर का पता मालूम किया और उनसे कहा कि मैं उनसे एक भारतीय अख़बार के लिए इण्टरव्यू करना चाहता हूँ। यह इसलिए था कि उनसे मिलकर मैं यह पूछना चाहता था कि क्या मैं उनके साथ काम कर सकता हूँ। और आख़िरकार एक बारिश से घिरी सुबह उन्होंने इण्टरव्यू देना स्वीकार किया। मैं दिलीप पड़गाँवकर को अपने साथ ले गया। वह एक बेहद ठण्डा दिन था। वे बातचीत के अन्त में बहुत ख़ुश हुए क्योंकि हम उनके सिनेमा के बारे में काफ़ी गहरायी से पूछ रहे थे। मसलन, वे शॉट कैसे लेते हैं वग़ैरह। इण्टरव्यू के अन्त में मैंने उनसे कहा कि मैं एक फ़िल्मकार हूँ, पत्रकार या लेखक नहीं और आपके साथ काम करना चाहता हूँ। उनके बारे में तब तक जो भी लिखा गया था, पर्याप्त नहीं था। वह तब बदला जब गोदार बल्कि विशेषकर वामपन्थी लोग उनके पास गये जो कि एक रहस्य ही है क्योंकि ब्रेसाँ तो पूरी तरह अध्यात्मवादी

थे। वामपन्थी फ़िल्मकार भी आध्यात्मिक होते हैं, क्योंकि फ़िल्म बनाना आध्यात्मिक कर्म है लेकिन आम तौर पर वे ऐसे किसी व्यक्ति के क़रीब नहीं जाते थे जिसने 'डायरी ऑफ़ द कण्ट्री प्रीस्ट' फ़िल्म बनायी हो, जिसके अन्त में सलीब और उसके पीछे से आता प्रकाश लाल झण्डे की जगह फ़िल्माया गया हो। लेकिन प्रश्न सिर्फ़ अन्त देखने का नहीं पूरी फ़िल्म देखने का है। वह क्या कर रही है और उसमें विश्वसनीयता की क्या धारणा है। दरअसल, ब्रेसाँ की फ़िल्म में स्वयं विश्वसनीयता की धारणा कुछ और ही है। वहाँ शुरुआत से ही तुम जो देखते हो, वह अद्‌भुत है। निर्देशक अपनी तरफ़ से कोई भी वर्णन नहीं करता, वह कैमरे को करने देता है।

अगर मैं अपना कैमरा मसलन किसी वस्तु पर लगाता हूँ, मैं कर क्या रहा हूँ, मैं नक़ल करके कोई विश्वसनीय चीज़ कैसे बना सकता हूँ। इस तरह के सौन्दर्यशास्त्र का अर्थ क्या है। दरअसल, इस तरह का सौन्दर्यशास्त्र न नैतिक और न राष्ट्रीय दृष्टि से जुड़ सकता है। मसलन, तब यह कहना मुश्किल है कि रवीन्द्रनाथ पर बंगाली के अलावा कोई और फ़िल्म नहीं बना सकता, क्योंकि तब विवरण अलग हो जायेगा। या इसी तरह का कुछ। यानी जैसा कि यथार्थवाद की हर धारा में होता है, जहाँ कला का यह नैतिक दायित्व माना जाता है कि वह विश्वसनीय हो। वह विश्वसनीयता कैमरे से बड़ी आसानी से पैदा की जा सकती है। वहाँ कलात्मक अलगाव सिरे से नदारद होता है। पहली बात तो यह कि वह विश्वसनीय होता ही नहीं क्योंकि उस स्थिति में कैमरा काम कर रहा होता है, कलाकार नहीं। लेकिन ब्रेसाँ के मामले में यह सबसे अधिक ध्यानाकर्षी बात है, उनकी दृष्टि इसी में संकेन्द्रित है। जैसा कि ऋत्विक के मामले में भी है—वहाँ वैश्विक सभ्यता की संस्कृति में उन असंख्य लोगों के विचार और पीड़ा से होकर गुज़रना होता है जो पहले हो चुके हैं। क्योंकि इन दोनों ही फ़िल्मकारों के सन्दर्भ अन्ततः वैश्विक हैं। हालाँकि यह भाव आसपास की दुनिया के विवरण के रास्ते मुखरित होते हैं। मसलन, ब्रेसाँ ने अपनी 'जोन ऑफ़ आर्क' के बारे में कहा था कि वे केवल उसके मुक़दमे की बात करेंगे और उसी प्रक्रिया में उन्होंने सब उलट दिया। दरअसल, उन्होंने 'जोन ऑफ़ आर्क' के मुक़दमे के दस्तावेज़ निकाले थे, उनका इस्तेमाल किया था पर इस सबको उन्होंने

जिस तरह सांगीतिकता में बाँधा, वह अद्भुत है। आपको उसमें यूरोप का चेहरा, स्त्री का अन्तःकरण दिखायी देगा। संयोग से 'जोन ऑफ़ आर्क' ऐसी पहली महिला थी, जिन्होंने अपने बाल कटाये, जो घुड़सवारी करती थीं और इस सबके बीच जब वे समझ जाती हैं कि उन्हें जादूगरनी जानकर जलाया जा रहा है, वे एक वाक्य बोलती हैं, 'मुझे मत जलाओ, मुझमें कुछ भी नापाक नहीं है।' तुम देखो यह बात कितनी सरलता और सुन्दरता से दाह से जुड़ जाती है और इस तरह का संकेत केवल ऐसा फ़िल्मकार उत्पन्न कर सकता है जिसकी विश्वसनीयता की धारणा उस सबसे परे है, जो हमें दिखायी देता है, सुनायी देता है। मेरी एक चीज़ जो उन्हें बहुत पसन्द आयी थी, वो यह थी कि जब मैं उनसे मिला, मैंने उनसे पूछा, 'क्या आप हमेशा ५० मि.मी. लेन्स से ही शूट करते हैं' वे यह सुनकर बहुत ख़ुश हुए, क्योंकि इसका सम्बन्ध पूरी तरह उनकी रेनेसाँ संस्कृति और इसी तरह की चीज़ों से जुड़ता था। वे बोले थे, 'इससे मैं उस तरह के दृश्य पा सकता हूँ जो रेनेसाँ कलाकारों ने उत्पन्न किये, इसके लिए मुझे लेन्स को ठीक मात्रा में फोकस करना होता है और एक तरह का पर्सपेक्टिव और फोकस के बदलने से और नये पर्सपेक्टिव और वर्णभेद (टोनल वेरिएशन) लाने होते हैं।' पूरी सावधानी वे इसलिए लेते थे कि वह ग़ायब हो सके। मेरे ख़याल से उनकी विश्वसनीयता वहाँ थी।

बहरहाल! हमारी मुलाक़ात के अन्त में उन्होंने मुझसे इन्तज़ार करने को कहा और बोले, 'मैं पक्का नहीं कह सकता पर तुम छह महीने इन्तज़ार करो।' मेरी अध्येतावृत्ति तीन-चार महीनों में ख़त्म होने वाली थी। मैंने उसे बढ़ाने की दरख़्वास्त दे दी। इस बीच मैंने कई लोगों से मिलकर उन्हें ब्रेसाँ से मुझे शामिल करने का आग्रह करने को कहा। तब उन्होंने मुझे दो-तीन बार फ़ोन करने को कहा मानो वे मुझे अपनी फ़िल्म में अभिनय के लिए ले रहे हों। उनकी कास्टिंग पद्धति कुछ ऐसी ही थी। वे अभिनेता (जिसे वे मॉडल कहते थे) से फ़ोन पर बात करते थे, उसे देखे बग़ैर। टेलीफ़ोन पर उसकी आवाज़ से वे यह अनुमान लगाने की कोशिश करते थे कि इस व्यक्ति में कोई आध्यात्मिक रुझान है या नहीं। उनके सभी फ़ैसले इसी तरह होते थे। उसके बाद ही वे अभिनेता को देखते थे, अभिनेता जो उनके लिए

ग़ैर-अभिनेता था।

आपने उनके साथ 'द जेण्टल फीचर' के निर्देशन में सहयोग किया था। आपका वह अनुभव कैसा था? मेरे कहने का आशय यह है कि उनके साथ काम करने में अद्वितीय क्या था?

वो मेरे प्रति बहुत उदार और स्नेहिल थे। वे फ़िल्म बनाने के अपने ढंग में बहुत चिड़चिड़े थे और बाक़ी सदस्यों के लिए वे बहुत मुश्किल व्यक्ति थे पर मेरे लिए नहीं। वे मुझसे विश्व के दूसरी ओर से आये मेहमान की तरह मानकर व्यवहार करते थे। वे शूटिंग के बाद मुझे मेरे घर छोड़ जाते थे और यह बहुत ख़ास बात थी क्योंकि वे तब तक बहुत वृद्ध हो चुके थे। संयोग से मैं पेरिस के एक ऐसे इलाक़े 'वाल द ग्रे' (अंगूरों की घाटी) में रहता था, जहाँ पास्कल और वैसे अनेक चिन्तक रहे थे। ब्रेसाँ इसे भी एक विशेष संकेत मानते थे क्योंकि वे लगभग ईश्वरीय संकेत में आस्था रखते थे।

ब्रेसाँ किस अर्थ में चिड़चिड़े थे? क्या वे शूटिंग के दौरान ऐसे थे?

हाँ, शूटिंग के दौरान ही। हम सब होते हैं। उनके पास ऐसा होने यानी बहुत-बहुत चिड़चिड़े होने की गुंज़ाइश थी, चूँकि उनके पास साधन बहुत अधिक थे, जबकि हमें हमेशा ही सीमित बजट में शूट करना होता है।

क्या आप फ्रांस जाने से पहले डी.डी. कोसाम्बी से मिल चुके थे?

मैं तब तक कोसाम्बी और ऋत्विक दा को अपना गुरु मान चुका था।

आप कोसाम्बी को किस तरह याद करते हैं?

जब आप उनसे मिलते, वे तुरन्त आपको बता देते कि आप कुछ नहीं जानते। वे कुछ-कुछ ऐसे ही थे। ऋत्विक भी ऐसे ही थे लेकिन कोसाम्बी निश्चय ही बहुत ज्ञानी व्यक्ति थे। वे दरअसल महान् कलाकार थे। वे

आपसे इतना मज़ाक़ करते रहते कि आपको उनसे अपना सम्बन्ध बोझ नहीं लगता था। वे कभी-कभार मुझे कोई सन्देश भेजते। उनका भेजा एक सन्देश मुझे याद है, वह कुछ इस तरह था : एक लम्बा आदमी जो सोलर हैट लगाने से कर्नल की तरह दिख रहा था, तुम्हारे बारे में किताब की दुकान में पूछ रहा था। यह इसलिए होता था क्योंकि वे कभी किसी शंकरप्पा जैसे लड़के से मिलेंगे, जो किताबें देख रहा होगा और वे उससे पूछेंगे, 'क्या तुम फ़िल्म संस्थान के हो?' और फिर उसके हाथों यह सन्देश भिजवायेंगे। अगर मैं उन्हें फ़ोन करता, वे मुझे ग़ुस्से में भरकर कहते, 'तुमने मुझे फ़लाँ फ़िल्म देखने क्यूँ नहीं बुलाया।' उन्हें फ़िल्मों से लगाव था। जब वे हार्वर्ड या प्रिंसटन में रहे थे, वहाँ वे एक फ़िल्म रोज़ देखते थे। वे सचमुच फ़िल्मों से प्रेम करते थे और उन्होंने 'आप्टिक्स' पर कुछ काम भी किया था। एक बार मैंने उन्हें मैक्सिको पर आइजेन्स्टाइन की फ़िल्म देखने बुलाया। उन्होंने मुझे बताया कि ऐसा लगता है कि इस फ़िल्मकार ने हरा फिल्टर ५० इस्तेमाल किया है ताकि वह 'सफ़ेदों' को छोड़ सके। यह उन्होंने मुझे तब बता दिया था जब फ़िल्म संस्थान नहीं बता पाया था। वे फ़िल्म के कलारूप होने के बारे में बहुत संवेदनशील थे। वे सिनेमा के प्रति लगभग प्रतिबद्ध थे। मैं उनसे अक्सर डेकन क्वीन में मिलता था। यह वही ट्रेन थी, जिसमें उन्होंने भारतीय इतिहास की भूमिका लिखकर समाप्त की थी। वे हरेक से मज़ाक़ करते थे। उन्होंने मेरा डेकन क्वीन में संस्कृत अध्येताओं समेत अनेक लोगों से परिचय कराया। उनका उस ट्रेन में सभी से लगातार मज़ाक़ करने का सम्बन्ध था। अगर मेरे पास ऐसे कोई सवाल होते, जो मेरे मन में कोई सिद्धान्त पढ़ते समय उठे हों, मैं उनसे पूछता था। एक बार मैंने उन्हें सिनेमा को स्वप्न मानने के सिद्धान्त की बात बतायी, जो सूज़न लेंगर और एलाँ रॉब ग्रियें जैसे कई लोग प्रतिपादित कर रहे थे। (हालाँकि रॉब ग्रियें ने कहा कि उनसे यह लिखवाया गया था। बाद में उन्होंने मेरे एक दोस्त से कहा कि वे इसे बहुत गम्भीरता से नहीं लेते।) लेकिन लेंगर के लिए वह बहुत महत्त्वपूर्ण था। मेरे इस तरह के सवाल पर कोसाम्बी कहते हैं, 'मैं यह सब नहीं जानता, मेरे लिए सिनेमा प्रिय है।' वे अपने ढंग से बहुत विनयशील थे। लेकिन वे हमेशा ही बेहद कठोर मेहनत चाहते थे। मुझे उनसे सबसे अधिक इस सबके अलावा, यह मिला कि किसी भी निर्णय पर आसानी से नहीं

पहुँचना चाहिए और पूरे समय किसी भी चीज़ के आन्तरिक आशयों को खोजते रहना चाहिए तब भी जब वे ऐतिहासिक हों। यह निर्णय महज़ बाहर से नहीं लेना चाहिए कि कोई चीज़ किसलिए बनायी गयी होगी। उसकी गहरायी में जाना चाहिए, एक तरह की पुरातात्त्विक पद्धति का उपयोग करना चाहिए। जैसा कि मैंने तुम्हें अलंकार के बारे में बताया था कि आप ज़मीन से कोई छोटी-सी चीज़ उठाते हैं और पाते हैं कि वह 'माइक्रोलिथ' है तो आप समझ सकेंगे कि वह कभी अलंकरण के काम में आता होगा। आप ऐसी सभी चीज़ों को अपनी कल्पना के सहारे एक साथ लायें तो आप एक समाज और उनके विश्वासों के स्वरूप को जान सकते हैं। और फिर रोज़मर्रा के जीवन में उपलब्ध जो संकेत हैं, वे व्यक्तिगत जीवन या इतिहास की छोटी-सी अवधि को पार कर मानो इतिहास-पूर्व समय में बल्कि प्रकृति मात्र को इंगित करने लगते हैं। कोसाम्बी प्रशिक्षण से इतिहासकार नहीं थे। गणित और विज्ञान में प्रशिक्षित थे। मैं उनके छात्रों से उनकी पद्धति के सम्बन्ध में सहमत हुआ करता था। उनसे मिलने से पहले मैं राजनीति शास्त्र को एक हद तक गम्भीरता से पढ़ चुका था। मुझे मार्क्स की आलोचनात्मक दृष्टि की ख़बर थी और मैं उनसे और उनके छात्रों से बात करते हुए वे सारे तर्क इस्तेमाल करता था। यह सच है कि कोसाम्बी कभी भी डाँगे या किसी भी और रंग के राजनेता की तरह विचारधारा से जुड़े नहीं थे। ऐसी कई भ्रामक धारणाएँ जैसे एशियायी उत्पादन पद्धति आदि को उन्होंने अपने लेखन में तिरस्कृत किया था। वे परम्परा को बहुत सम्मान से देखते थे।

क्या आप यह कह रहे हैं कि वे परम्परा को संकुचित करके नहीं देखते थे?

हाँ। एक बार जब मैं उनके साथ जयकर बँगलो के पास टहल रहा था, उन्होंने मुझसे कहा, 'तुम्हें किसी भी निष्कर्ष पर पहुँचने के पहले चीज़ों को बहुत ध्यान से देखना चाहिए। तुम्हें वह चीज़ मात्र देखना चाहिए। पहले देखने का ढंग आना चाहिए और उसे विकसित करना चाहिए और तब जाकर तुम व्याख्या करो। सबसे पहले अन्वीक्षण (ऑब्ज़र्वेशन) को बिना किसी बाधा के गहरायी से करना चाहिए।' वे कहा करते थे कि अगर कोई

व्यक्ति किसी अनुष्ठान में बायीं से दाहिनी ओर जा रहा है, तुम्हें उसे ध्यान से देखना चाहिए, केवल उसके बाद तुम जैसा चाहो उसकी व्याख्या करो। क्योंकि कलात्मक सृजन किसी भी चीज़ की नक़ल पर आधारित नहीं होते। मैं नहीं सोचता कि वे ऐसा कुछ चाहते, वे इससे कहीं अधिक परिष्कृत थे।

लेकिन आपको व्याख्या करने का प्रयास करना चाहिए और वह उछाल पाने की कोशिश करना चाहिए जो उनके लेखन में है। जब वे ग़लत भी होते, वे अपनी कल्पना को दाँव पर लगाने को तैयार होते। वह 'देखना' भर नहीं था बल्कि ऐसी अवस्था में आ जाना था जहाँ आप सिर्फ़ 'देखते' हैं। वह रपट लिखना नहीं था, न ही किसी तरह का उपयोगितावादी नज़रिया। वह सिर्फ़ 'देखने' से शुरू होता था, उस अवस्था से जहाँ सिर्फ़ 'देखना' (ऑब्ज़र्वेशन) होता है, वह उनके लिए बेहद महत्त्वपूर्ण था। वे मुझे अक्सर कहते थे कि मैं उनके लिए एक फ़िल्म बनाऊँ और मुझ पर उनका यह ऋण अभी बाक़ी है। पर मुझे उसके लिए कभी धन नहीं मिल पाया। वे उस जनजातीय समुदाय पर फ़िल्म बनाना चाहते थे जो उन दिनों छोटा नागपुर के

क़रीब रहता था। वे बताते थे कि उस जनजाति का एक हिस्सा तब तक के जनजातीय पद्धति से ही रहता है पर उसका बाक़ी हिस्सा काम की खोज में किसी औद्योगिक इलाक़े में चला गया है पर वह तब तक अपने अनुष्ठान जारी रखे था और अपनी ही तरह की जनजातीय पद्धति से रहने का प्रयास कर रहा है। मैं उनसे पूछता था, 'आप उस जनजाति में क्या देखना चाहते हैं?' वे कहते थे, 'हम वहाँ जायेंगे और देखेंगे। अगर तुम्हें देखना आता है, तुम बहुत कुछ देख लोगे।' वे यह कई बार कहते थे मानो मुझे वह करना ही चाहिए था मानो ऐसा करके मैं उन पर कोई उपकार करता।

> यह वही समय था जब आप घटक से भी ज़ोर-शोर से बातें कर रहे थे।

मैंने घटक से पूछा था कि क्या वे कोसाम्बी से मिलना चाहेंगे, पर वे नहीं मिल सके।

> आपके कोसाम्बी के जैसे इतिहासकार से सम्बन्ध का आपके महाकाव्यात्मक रूपाकार के प्रति लगाव से क्या रिश्ता बन सकता है? क्या यह लगाव आपके कोसाम्बी से मिलने से पहले से था?

यह था। लेकिन इन सब चीज़ों ने उसमें योगदान ही दिया होगा। इसमें सबसे पहले मेरी माँ थी जिन्होंने ही मुझे ज़्यादातर वक़्त पाला था। उनका कलाओं से ताल्लुक दरअसल लगभग सारा का सारा महाकाव्यात्मक कलाओं से ही था। उनका सम्बन्ध पुराणों से था। ज़्यादातर पुराणों से। महाभारत से। रामायण से। उनके सारे जीवन का ही सरोकार महाकाव्यात्मक था। उसमें 'स्ट्रक्चर' या 'प्रयोजन' नहीं थे। वे ऐसी किसी चीज़ को नहीं जानती थीं जिसे 'संरचित (स्ट्रक्चर्ड) वस्तु की तरह बरता जा सके, किसी को इसी रूप में दिया या लिया जा सके। उनके लिए विनिमय की पद्धति पूरी तरह महाकाव्यात्मक थी और मेरा पालन ज़्यादातर उन्होंने ही किया था। साथ ही विभाजन के बाद से मैंने कुछ ऐसा जान लिया था जिसके अनुसार यह समझ बन गयी कि सोचने का सिर्फ़ एक ढंग नहीं है। संसार कई तरह से

बना है और केवल महाकाव्यात्मक रूपाकार ही उस सारे सम्बन्धों को जगह दे सकता है।

> क्या वे आपको 'रामलीला' जैसी महाकाव्यात्मक प्रदर्शनकारी कलाओं को दिखाने ले जाती थी?

लरकान में ज़रूर। पर बम्बई में नहीं, यहाँ तो नाटक भी नहीं। केवल सिनेमा। बचपन में भी मेरे पिता सैर पर जाते वक़्त मुझे सिनेमाघर में छोड़ जाते थे। वे काम के बाद शाम को सैर पर जाते थे। लरकाना में हम लोग लम्बी सैर पर जाते थे। वे मुझे एक जगह तक साथ रखते फिर मुझे सिनेमाघर में छोड़ देते। वे उस इलाक़े के ख़ास शख़्स थे और उनके लिए वहाँ एक ख़ास सीट ख़ाली रहती थी। मेरे लिए सिनेमाघर में सोफ़ा रहता था। द्वार पर खड़ा टिकट वाला और ऐसे ही दूसरे लोग मुझे पहचानते थे इसलिए मेरे पिता मुझे उनके भरोसे छोड़कर आगे की सैर पर चले जाते थे। मैं फ़िल्म के बीच में सिनेमाघर पहुँचता था, मैं कभी-कभार ही पूरी फ़िल्म देख पाता था क्योंकि मेरा फ़िल्म देखना पूरी तरह इस पर निर्भर करता था कि उनका काम कब ख़त्म होगा, कब वे सैर पर निकलेंगे और कब मुझे सिनेमाघर में छोड़ेंगे। वे मुझे लेने भी कभी भी आ जाते थे। (यह अनुभव कुछ-कुछ ब्रेसाँ की फ़िल्मों के जैसा था) और मुझे ले जाते थे। पर जब मैं अपनी माँ के साथ जाता, मैं पूरी फ़िल्म देख पाता। बम्बई में वे कई बार मेरे साथ फ़िल्म देखने जातीं, कई बार मुझे किसी के साथ वहाँ भेज देतीं और मेरे लौटने पर मुझे उसके बारे में बताने को कहतीं। वे श्रीमद्‌भागवत जैसे अनेक ग्रन्थ पढ़ती थीं और मैं नौ साल की उम्र तक स्कूल जाता नहीं था। मैं जब भी स्कूल जाता, मुझे उससे चिढ़ होती, मुझे वह बिल्कुल पसन्द नहीं था और वे कहतीं, 'कोई बात नहीं, मत जाओ' और वे मुझे उन्हीं ग्रन्थों की बातें बतातीं।

> ज़ाहिर है आप विभाजन के पहले भी दूसरे परिजनों की तुलना में उनके ज़्यादा क़रीब थे, अपने पिता की तुलना में भी।

मैं उनके बहुत क़रीब था और तब भी मैं उन्हे बहुत बाद तक पहचान नहीं

सका, उनके व्यक्तित्व को, जब तक मैं फ़िल्म संस्थान नहीं गया और इसके बाद भी वे मुझे सब कुछ बताती थीं। उन्होंने मुझे मेरे पिता के साथ बीती अपनी पहली रात के बारे में भी बताया था।

क्या वे घर में केवल आपसे बात करती थीं?

वे मुझसे सारा वक़्त बात करती थीं। मैं उन्हें जान सका, इससे तुरन्त बाद ही वे गुज़र गयीं। मैं तुम्हें बता ही चुका हूँ कि जब मैं नौ बरस का था, मेरे पिता चल बसे, और मुझे अपने में ज़िम्मेदारी का बोध हुआ कि मैं अपनी माँ की रक्षा के लिए कुछ करूँ। मैं कर ही क्या सकता था, मैं सिर्फ़ नौ बरस का था। मैं सिर्फ़ इतना कर सकता था कि मैं अपनी पढ़ाई के बारे में गम्भीर हो जाऊँ, वह मैं हो गया। इसके पहले तक मेरे स्कूल से घर पर यह लिखा आता था कि मैं बहुत बातूनी हूँ पर पिता के जाने के बाद मैं बहुत शरीफ़ क़िस्म का हो गया। मैं स्कूल की पढ़ाई को गम्भीरता से लेने लगा। मैं जब फ़िल्म संस्थान चला गया, मैं वहाँ से अक्सर घर आ जाता, माँ को लगता वहाँ मुझमें बहुत बदलाव आ रहा है। मेरे पिता मुझे मेरे बचपन में ५ या ६ बरस की उम्र में पीने को देते थे। हर शाम जब हम सिनेमाघर से लौटते, वे आँगन में बैठते। उनसे मिलने वहाँ लोग आया करते थे। वे मुझसे हरेक के लिए पैग यानी ब्लैक डॉग गिलासों में भरने को कहते और एकाध बूँद मुझे भी देते। इस तरह मैं भी उस समूह में शामिल हो जाता। जब मैं संस्थान से घर लौटता माँ मुझे सुबह तक पीने को देतीं, वह रम या किसी और चीज़ का पैग होता। मैं चकित हो जाता था, पर वे बहुत जल्दी चली गयीं। उन्होंने मुझ पर भरोसा कर मुझे स्वतन्त्र कर दिया।

अगर मैं आपकी ज़िन्दगी और आपके काम का दूरदराज़ का सम्बन्ध जोड़ने की कोशिश करूँ, मैं आपके आपकी माँ से रिश्ते को आपकी 'बियॉन' फ़िल्म में बियॉन के उनकी आया से ख़ूबसूरत रिश्ते से जोड़ने की कोशिश करूँगा क्योंकि जिस गहरी करुणा और प्यार से आपका कैमरा बियॉन को उनकी आया के साथ दिखलाता है, वह मुझे यह कर सकने को प्रेरित करता है। जब आप संस्थान

में फ़िल्म बनाने का प्रशिक्षण ले रहे थे, आप अपनी माँ से विछोह से उत्पन्न उनके प्रति चाहना की समझ में भी प्रशिक्षित हो रहे थे। मैं यहाँ तक कहूँगा कि अगर घटक की फ़िल्मों की सामग्री दुःख है तो आपकी फ़िल्में चाहना, विप्रलम्भ की सामग्री से बनी हैं। शायद आप अपनी फ़िल्मों के सारे रिश्ते इसी सामग्री से गढ़ते हैं।

वह मेरी हर चीज़ का आधार है। अगर मुझे यह महसूस होता है कि 'चाहना' नहीं आ पा रही, मैं वह फ़िल्म नहीं बनाता। मैंने लगभग कोई ऐसा काम-काज जीवन भर नहीं किया है जिससे मुझे अलगाव रहा हो। इस अर्थ में ख़ुशक़िस्मत व्यक्ति हूँ। मुझे जिस चीज़ की चाहना है, वह कोई निश्चय चीज़ नहीं है। मैं ख़ुद नहीं जान सका कि वह ठीक-ठीक क्या है। मैं सोचता हूँ कि अगर मुझे पता चल जाता है कि वह क्या है जिसकी मुझे चाहना है, मैं फ़िल्म बनाना छोड़ दूँगा। मुझमें चाहना का अनन्त है। कल ही जब कुछ लोग सिगरेट, चरस आदि पीने के बारे में बात करते हुए यह सोच रहे थे कि उससे स्पर्श किस तरह प्रभावित होता है, मैं स्पर्श के बारे में यह विचार करने लगा कि वह किस हद तक वायवीय अनुभव है और कैसे वह अचानक दूर हो जाता है। मुझे यह सोचकर अफ़सोस हुआ कि मैंने कभी स्पर्श की दृष्टि से सिगरेट आदि नहीं पी, जैसे आप उस दृष्टि से प्रेम करते हैं। मैं यह कहना चाहता हूँ कि उस चाहना को दूसरे माध्यमों से विस्तारित किया जा सकता है क्योंकि मैं 'भौतिक' और 'आध्यात्मिक' के बीच अन्तर नहीं करता। 'चाहना' को हर चीज़ में फैल सकना चाहिए।

इसी चाहना के भाव ने आपको घटक की फ़िल्मों की ओर आकर्षित किया होगा। उनकी फ़िल्मों की शुरुआत इसी 'चाहना' की पृष्ठभूमि से होती है। इसी से यह स्पष्ट हो जाता है कि आप अब जो भी देखने-सुनने वाले हैं, वह इसी भाव की बढ़त होगा।

हिन्दू आध्यात्मिक परम्परा में यह कहा जाता है कि मनुष्य को आकांक्षाओं को वश में रखना चाहिए। मैं इससे एक हद तक ही सहमत हूँ कि आपको आकांक्षाओं को वश में करना चाहिए पर आपको उन्हें दुबारा प्रकट होने

का अवसर देना चाहिए, उसी तीव्रता और मानो उसी प्राणवत्ता के साथ। यह इसलिए क्योंकि यह ठीक है कि वह आपकी आकांक्षा है आपके स्पर्श, गन्ध या आपके किसी के साथ-साथ होने का आपका व्यक्तिगत प्रकटन है पर वह ठीक उसी समय आकांक्षा मात्र भी है जो सभी की है। वह कुछ ऐसी है जिसमें 'भौतिक' और 'आध्यात्मिक' दोनों शामिल है और वह अस्तित्व के इन दोनों आयामों के प्रति सहिष्णु है, किसी एक को दूसरे के लिए तिरस्कृत नहीं करती। वह कुछ इस तरह की है। गीता कहती है कि अन्वीक्षा (ऑब्ज़र्वेशन) का कर्म स्मृति, आकांक्षा और समझ को परे रख देता है। बियॉन को उद्धृत करते वक़्त मैंने सोचा, नहीं, हमें आकांक्षा का त्याग नहीं करना चाहिए। हमें उसे दुबारा प्रकट होने का मौक़ा देना चाहिए, चाहना को भी। वरना सम्बन्ध-सूत्र दुबारा प्रकट नहीं होंगे, अगर आप सचमुच समझ को छोड़ देंगे, आप वि-वस्तुकरण करेंगे और वस्तु को बोलने का मौक़ा देंगे, फिर चाहे वह वस्तु शिला हो या बादल या वैसा कुछ जिस पर तुम विचार कर रहे हो। आपको अन्वीक्षा के दौरान कुछ घटनाएँ कुछ आकांक्षाएँ और स्मृति छोड़ देनी होती हैं जो उस ऑब्ज़र्वेशन में बाधा बन रही हों लेकिन वह भी इसलिए वे फैल सकें और ख़ुद को संसार और आपसे जोड़ सकें। तुम्हें आकांक्षा को दुबारा प्रकट होने देने का अवसर देना चाहिए।

क्या यह बात शॉट लेते समय भी सच होती है?

हाँ। दरअसल वह कँपकँपाहट आना चाहिए, वह सिहरन दुबारा लौटना चाहिए। उसमें एक ऐसी उठान होती है जिससे उसका विस्तार हो सके और वह आकांक्षा को अपने भीतर आने दे। तब वह हरेक की आकांक्षा होती है, आकांक्षा मात्र।

और तब क्या शॉट अपना अलंकार भी धारण कर लेते हैं।

अलंकरण होना ही चाहिए। उसे इसमें आनन्द होना चाहिए और जिन रास्तों से सादगी लायी जाती है, उन्हें छोड़ देना चाहिए और संरचनाओं,

रूपाकारों, तर्क आदि सभी कुछ इस हर्ष में घुल जाते हैं।

> अगर किसी कला के होने के क्षण में 'नैतिक आयाम' उसके रूपाकार में घुल जाते हैं, वे दुबारा प्रकट कैसे होते हैं?

मैं कल उदयन पटेल से उन लोगों के बारे में पूछ रहा था, जो समूह में उनके पास आते हैं (उदयन समूहों के मनोविश्लेषण में लगे हैं।)। उनके लिए यह और भी कठिन है। हमारे लिए यह प्रश्न सृजन की प्रक्रिया के दौरान उठता है लेकिन वे (मनोविश्लेषक) इसे केवल ग्रहण करते हैं, वे इसका इस तरह सामना करते हैं, मानो वे नैतिकता निरपेक्ष हों। वे बहुत अधिक नैतिकता निरपेक्ष हैं : दोनों-उदयन पटेल और बुनुएल। वे नैतिकता को बाँधते नहीं हैं इसीलिए मैं सोचता हूँ कि महाभारत पर फ़िल्म बनाने के लिए पीटर ब्रुक्स की तुलना में बुनुएल अधिक उपयुक्त थे। उदयन पटेल बता रहे थे कि वे किसी भी बिन्दु पर कुत्ते-बिल्लियों तक के प्रति सहिष्णुता को छोड़ते

नहीं हैं। बुनुएल अपने ढंग से नैतिकतावादी नहीं थे (दरअसल, वे तो सारी नैतिकता को नष्ट करने में लगे थे) पर वे कहते थे कि हमें लोगों की फ़िक्र करना चाहिए, बिना उसके अन्तर्दृष्टि उपलब्ध नहीं होती, वह नैतिकतावादी में नहीं होती। मैं सोचता हूँ अगर हम इन सारे सोपानों से गुज़रते हैं, आकांक्षाओं को जीवन्त बनाये रखना, उन्हें उनके भद्दे रूप में बनाये रखने से बेहतर है। आकांक्षाओं का बहाल होना नैतिकता का बहाल होना ही है। आकांक्षा से कर्म मुमकिन होता है, पर वह बहाल हुई, वापस लौटी आकांक्षा होती है, जिसका अर्थ होता है कि वह जीवन की पुष्टि करती है, वह हत्या नहीं करती क्योंकि तब आप जीवन की पुष्टि करने में आनन्द लेते हैं, उसके आगे घुटने नहीं टेकते। तब अलंकरण न तो रूपवादी साधन होता है और न यान्त्रिक। और न ही वह विशुद्ध रूप से चमत्कारपूर्ण होता है। वह कुछ ऐसा होता है जिसे आपने रचा होता है इसीलिए यह सब सृजन हो जाता है और तब नैतिक प्रश्न और गहरा जाते हैं। क्योंकि अगर आप सब कुछ को अपना सृजन ही मानते हैं, सहिष्णुता आप पर हावी हो जाती है।

> चलिए हम बुनुएल की बनायी बेहद संवेदनशील फ़िल्म 'विरीदियाना' के बारे में बात करते हैं। मैं समझता हूँ कि जब ईसाई संस्थान ने इसे देखा होगा, उसे पीड़ा हुई होगी। लेकिन आप जैसा व्यक्ति जो उस तरह बड़ा हुआ जैसे आप हुए हैं, इसे किस तरह देखता है, इसका आप पर क्या असर हुआ था?

इस फ़िल्म के कुछ दृश्य सीधे-सीधे रोमन कैथोलिक भित्ति शिल्पों से लिये गये हैं। मेरे लिए इस फ़िल्म का अर्थ अनिश्चित है। और फ़िल्म में जिस तरह उन्होंने पूरे वक़्त सत्य के साथ क्रीड़ा की है, वह मेरे लिए महत्त्वपूर्ण है : सत्य का निर्झर और क्रीड़ात्मक होना। शीर्षक आते समय ही उस लड़की के रस्सी कूदने और उसके पैर के इधर-उधर पड़ने का दृश्य से आनन्द आ गया था मानो सत्य कुछ उसी तरह का हो। इसी दृष्टि से उन्होंने पूरी फ़िल्म बनायी है और इसमें वे आपको मसलन आपके ताक-झाँक करने पर आपको चेतावनी देने लगते हैं जैसे चाबी के छेद से देखते हुए वे आपका स्त्री के साथ तादात्म्य स्थापित कर देते हैं, उसकी ख़ूबसूरत टाँगों से, उसके

सौन्दर्य से और फिर उसे आपसे दूर ले जाते हैं। पूरी फ़िल्म में निरन्तर खिलंदड़ापन है और अब जब हम इस बारे में बात कर ही रहे हैं तो मुझे याद आ रहा है कि कल तुम मुझे कह रहे थे कि मैंने भी अपनी फ़िल्मों में पाँव के साथ वैसा ही खिलंदड़ापन का व्यवहार किया है। बुनुएल से किसी एक संवाद में ब्रेसाँ के बारे में पूछा गया, वे बोले थे, 'हाँ-हाँ' उस फ़िल्म 'एंजिल्स ऑफ़ द सिन' का वह शॉट जिसमें नन अपने पैरों से ठोकर मारती है, कमाल का था।'

> लेकिन दरअसल बुनुएल की फ़िल्म के पैरों और आपकी फ़िल्मों के पैरों में बुनियादी फ़र्क़ है। बुनुएल की फ़िल्मों में वे पैर पुरुष की आँखों से देखे गये हैं और आपकी फ़िल्मों में उन्हें स्त्री नज़रों ने देखा है। एक तरह से बुनुएल की फ़िल्मों के पाँव स्त्री के रक्त-मांस से ही बने हैं पर उन्हें पुरुष दृष्टि ने गढ़ा है।

मेरी फ़िल्मों में वे स्त्री की व्यक्तिमत्ता को व्यक्त कर रहे हैं।

> जबकि बुनुएल में कभी वे अपने प्रति प्रेम को और कभी ताक-झाँक को व्यक्त कर रहे हैं। आप अपनी फ़िल्म 'तरंग', जिसे मैं कमोडिफ़िकेशन्स पर विस्तार कहना चाहूँगा, के बाद चेख़व की ओर क्यों मुड़े, ऐसा क्या था जिसके कारण आपको चेख़व की कहानी 'इन द गली' पर फ़िल्म बनाने की ओर प्रेरित किया?

रोशन और मैं दोनों ही इस कहानी पर काफ़ी पहले से काम कर रहे थे। शुरुआत में बहुत पहले होमी भाभा फ़ेलोशिप के दौरान 'तरंग' बनाने से पहले हम इस कहानी पर केवल प्रेमवश काम करते रहे। मुझे याद है कि मैंने मॉस्को से पूछा था कि क्या वे इस फ़िल्म को बनाने में दिलचस्पी लेंगे, यह १९७० के दशक की बात है। लेकिन मैंने उस पर फ़िल्म १९७१ में बनायी। मुझे लगा था कि इस कहानी में जीवन है। मुझ पर इसका ऐसा असर था। मुझे यह भी लगा था कि इसके भीतर का जीवन वास्तविकता से परे जाता है, किसी ख़ास वास्तविकता से, जिसके बारे में बोला जा सके। फिर मैंने

'क़स्बा'

इसके बारे में निर्मल (वर्मा) से, अपने पड़ोसी कमलेश्वर से बात की। भीष्म (साहनी) जी ने इसका पहला ड्राफ़्ट लिखा। मुझे इसके विषय में कई तरह की प्रतिक्रियाएँ मिली थीं, पर मैं किसी भी प्रतिक्रिया के बारे में आश्वस्त नहीं था मानो उसमें कुछ और था जो मुझे इन प्रतिक्रियाओं में नहीं मिल रहा था। नाबाकोव को मैंने बहुत बाद में पढ़ा। उन्होंने चेख़व पर कुछ लिखा है। उसके पहले तक मैंने उन पर कोई व्याख्या नहीं पढ़ी थी। मैंने उनकी कहानियों के रूपान्तरण कई फ़िल्मों और नाटकों में देखे। मैं वैसा कुछ करने की सोचकर भी घबरा जाता था।

वे उन फ़िल्मों और नाटकों में अभिनेताओं का मज़ाक़ बना रहे थे। यह मुझे ठीक नहीं लगा था क्योंकि वे अभिनेताओं का मज़ाक़ बनाकर दर्शकों का मज़ाक़ बना रहे थे। मैं सोचने लगा कि हमें ऐसा क्या करना चाहिए कि ऐसा न हो। या ऐसा किया जाये पर फ़िल्म इस पर ख़त्म न हो। मेरा ख़याल है कि वह फ़िल्म बहुत सही समय पर मुझे बनाने को मिल गयी, ठीक 'ख़याल गाथा' के बाद। इस समय तक मुझे अपने काम की उपलब्धि का एक हद तक बोध हो चुका था, कम-से-कम इतना कि मैं अपने बारे में व्यंग्यात्मक हो सकूँ। और यहीं से मुझे 'क़स्बा' बनाने का रास्ता मिला। मैंने सोचा, मैं अपने कैमरे पर काम करने के ढंग या आख्यान के भीतर अपने पर व्यंग्य करूँ और ख़ुद को कुछ ज़्यादा हल्केपन से लूँ। इसीलिए इस फ़िल्म के सम्बोधन का ढंग हल्का होता गया और मुझे उस दिशा में जाने के लिए बहुत कोशिशें करनी पड़ीं। इसे विकसित करने में फ़रीदा ने बहुत मदद की हालाँकि वे बहुत छोटी थीं। उन्हें यह सूझा कि इस कहानी में घटनाएँ होती हैं फिर वे विलुप्त हो जाती हैं, किसी सांगीतिक प्रस्तुति की तरह, इसी बात की ताईद वनराज भाटिया ने भी की। चीज़ें होती हैं फिर ग़ायब हो जाती हैं। और फिर कहानी में एक नया मोड़ आता है, एक विशेष अन्तरण जो मुझे लगता है फ़िल्म में भी आया है, जहाँ आख्यान चरित्रों या समाज आदि का मज़ाक़ बनाने की जगह ख़ुद का मज़ाक बनाने से लेकर क़रीब-क़रीब रहस्यवादी हो जाता है। यह उस वक़्त होता है जब छोटी बहू अपने टट्टू के बारे में कहती है कि वह पानी नहीं पी रहा। वहाँ के बाद से हम एक नये संसार में प्रवेश कर जाते हैं मानो षड्ज बदल गया हो। बहुत लोगों को यह पसन्द

नहीं आता। मुझे कई लोगों ने कहा कि हर चीज़ के बीच में षड्ज का बदल जाना ठीक नहीं। लेकिन वैसा कहानी में था, उस चेख़व में जिसे मैंने पढ़ा था, उसके बग़ैर मैंने वह कहानी फ़िल्म बनाने के लिए न चुनी होती। अब प्रश्न यह था कि उस कहानी में जो सशक्त क्रिश्चियन लहज़ा है, उसका क्या किया जाये? पर जिस समय मैं यह देख पाया कि उसकी उत्पत्ति हमारे बौद्ध विचार में भी हो सकती है क्योंकि वह विचार ईसाइयत समेत बहुत-सी विचार पद्धतियों को संसार में सभी जगह ले गया है। मुझे चैन आ गया। मैं यह देख सका कि उस तरह की समस्याओं का निदान बौद्ध विचार में है। इसलिए मैं उस क़िस्म की चीज़ के प्रकटन को तथाकथित हिन्दू कलाओं में खोजने लगा। बौद्ध विचार को धर्म के रूप में भारत से निष्कासित कर दिया गया था पर उसका भाव जीवित रहा आया, वह मिनिएचर चित्रों में भी है।

इसीलिए आपकी फ़िल्म 'क़स्बा' का मिनिएचर चित्रों के साथ सम्बन्ध बन सका?

हाँ। मैंने उस सम्बन्ध को 'ख़याल गाथा' बनाते समय पहले ही विकसित कर लिया था। उसके बाद उस विषय में मुझे भरोसा हो गया था कि मैं उसके साथ खेल सकता हूँ। दरअसल जब मैं 'ख़याल गाथा' बना रहा था, मुझे मिनिएचर चित्र समझ में आने लगे, मेरे सामने मौजूद इस परम्परा की शक्ति महसूस होने लगी, विशेषकर 'अकबरनामा' के मिनिएचर चित्रों में। उन्हें महान् कलाकृतियाँ माना जाता है। आम तौर पर जब आप काँगड़ा लघुचित्रों की बात करते हैं, लोग कहते हैं कि वे ठीक-ठाक हैं। पर अपने ऊपर भरोसे और एक विशेष तरह के साम्य के कारण मैं काँगड़ा चित्रों को लेकर ख़ुश था। मैं वहाँ 'शूट' करने भी गया। मैं उनके भीतर की गतिशीलता देख सका और उन्हें यह मानकर कि उन्हें कमज़ोर लघुचित्र माना जाता है, मैं हताश नहीं हुआ। अगर आप सभी लघुचित्रों को ध्यान से देखें, आप यह मानेंगे कि अकबरी लघुचित्र अद्भुत हैं। काँगड़ा चित्रों का एक तरह से उनके साथ उतार का सम्बन्ध है पर फिर भी आप उन्हें नकार नहीं सकते। वे बहुत ही परिष्कृत लघुचित्र हैं। वे कुछ ऐसा कह रहे हैं, जो अकबरी लघुचित्रों के दायरे में नहीं है। वे कुछ अलग कह रहे हैं, कुछ अलग अनुभव संसार

'ख़याल गाथा'

खोल रहे हैं। हमने फ़िल्म की आम तरह से शूटिंग नहीं की थी। मैं फ़िल्म में लघुचित्रों से बौद्ध कला और वहाँ से रेनेसाँ कला की ओर थोड़ा-बहुत जा सकता था जिसके कारण मैं उनमें समानता दिखा-बना सकता था और अलग-अलग तरह के अभिनेताओं को एक-साथ ला सकता था। जैसे रघुवीर यादव का सर्कस वाले जैसा स्वभाव है, मानो वह कलाबाज़ी का कलाकार हो, मनोहर सिंह का ढंग अलग था, वे राष्ट्रीय नाट्य विद्यालय में पढ़े थे और स्तानिस्लावस्की को भारतीय नाट्य परम्परा से जोड़ने का प्रयास करते थे। मीता वशिष्ठ भी नाट्य विद्यालय में ही पढ़ी हैं लेकिन मैंने भी उन्हें कुछ हद तक गढ़ा है। दरअसल उन्होंने मेरे साथ मेरी फ़िल्म 'वारवारवारी' में काम करने से शुरू किया था। अलकनन्दा मराठी और हिन्दी सिनेमा से आयी थीं और उनका ढंग अलग था, उनके कुटुम्ब में नूतन समेत सभी लोग शोभना समर्थ से सम्बद्ध थे। वे इंग्लैण्ड, फ्रांस इत्यादि होती हुई मराठी रंगमंच से जुड़ी थीं। इस तरह 'क़स्बा' में अच्छे-ख़ासे लोग संवादरत थे और हरेक ने अपनी विशिष्टता बरकरार रखी थी। उस फ़िल्म की अनुगूँज, जहाँ तक उसके लहज़े और थीम का प्रश्न है, उसे कुड़ियाट्टम से लेकर बौद्ध कला तक जोड़ती हैं। इन सभी में ऊर्जा का स्तर समान बना रहता है। यह उपभोक्ता समाज के उस गुण को प्रकाशित नहीं करता जो हरेक चीज़ को उपभोक्ता वस्तु में संकुचित कर देता है।

उसे बिना ऊर्जा का बना देता है।

वह उसे निस्तेज करता है क्योंकि तब उसमें कोई गुण नहीं रह जाता, वह केवल मात्रा होकर रह जाता है जिसके सन्दर्भ में गोदार की फ़िल्मों पर लिखते हुए एक बहुत ही क़ाबिल इतालवी आलोचक ने कहा था कि वे एक क्षण को मसलन मायकोव्स्की को उद्धृत करते हैं और दूसरे ही क्षण एण्डी वारहोल की पॉप कला के छह कॉफ़ी कपों को या ऐसा ही कुछ उद्धत कर देते हैं। इससे 'कमोडिफ़िकेशन' का नकार नहीं हो पाता, भले ही गोदार ऐसा चाहते रहे हों।

क्या आप ऊपर आये कुडियाट्टम की इस सन्दर्भ में व्याख्या कर

सकते हैं...

हम केन्द्र बिन्दुओं के विषय में बात कर रहे थे, तुम्हें याद होगा। हर उपस्थिति आपके सामने है, इसलिए आप ख़ुद भी एक केन्द्र बिन्दु हैं। हर उपस्थिति का केन्द्र बिन्दु है, जहाँ से वह बाहर की ओर गतिशील होती है, और वह लगभग वर्गाकार पैटर्न में गतिशील होती है, बाहर की तरफ़ त्रिज्यीय (रेडियल) ढंग से। मान लीजिए कि वहाँ दो उपस्थितियाँ हैं, वे एक-दूसरे से किसी बाहरी चीज़ के सहारे सम्बद्ध नहीं होंगी, यह सम्बद्धता उनके अपने केन्द्र बिन्दुओं से आयेगी और उनके अपने देखने के केन्द्र से। इसलिए दर्शकों का दृश्यबन्ध से सम्बन्ध अन्य पद्धतियों मसलन धार्मिक या वैज्ञानिक या गणितीय (ज्यामितीय) नियन्त्रण पद्धति से बिल्कुल अलग होगा। वह कुछ ऐसा होगा मानो वह फैल रहा हो और सिकुड़ रहा हो। वे फैलाव एक-दूसरे को कुछ-कुछ घेरते भी हैं और केन्द्र बिन्दु केवल तब एक-दूसरे पर आ जाते हैं जब सभी चरित्र एक हो जाते हैं।

कुडियाट्टम की ये गतियाँ फ़िल्म का शॉट लेने में अनूदित होती हैं और ये धार्मिक या वैज्ञानिक पद्धति से कैसे अलग हैं...

दरअसल, ये सब भी उन नियमों को खोज रहे हैं जिनसे सृजन संचालित होता है, ब्रह्माण्ड संचालित होता है।

इस रास्ते शॉट कैसे लिया जाता है?

यहाँ कुछ प्रस्तावित अन्तर्सम्बन्ध होते हैं। जैसे तीन चरित्रों की उपस्थिति त्रिभुज बनायेगी, वह मेरी फ़िल्म या कुडियाट्टम में भी त्रिभुज ही बनायेगी पर इसके बाद प्रयास यह जानने का होता है कि क्या उसे एक क्रम में दिखाया जाये या ज्यामितीय या तथ्यात्मक ढंग से या कि इस तरह न दिखाया जाये। अगर आप उसे इस तरह नहीं दिखाना चाहते तब भी कुडियाट्टम आपकी मदद कर सकता है, एक-दूसरे को आच्छादित करती ऊर्जाओं को प्रस्तावित कर। आप यह कैसे करेंगे? यह उस सम्बन्ध को समझने से होगा, जो ये

'ख़याल गाथा'

चरित्र अपने केन्द्र बिन्दु से चलने के ढंग से बनाते हैं और उन केन्द्र बिन्दुओं को उस क्षितिज से जोड़कर देखते हैं जो भौतिक स्पेस की सीमा निर्धारित करता है। इस दृष्टि के कारण मैं बहुत-सी चीज़ों से मुक्त हो गया और यह मुझे 'तरंग' बनाने के पहले कुडियाट्टम से मिली थी।

'ख़याल गाथा' में आप एक से अधिक आख्यानों को एक साथ बरत रहे थे, एक अर्थ में उस फ़िल्म में अनेक धुरियाँ हैं या एक से अधिक आख्यान रूप।

'ख़याल गाथा' में यह देखने का प्रयास था कि किस तरह दृश्य में कई प्रवेश मुमकिन हैं। लेन्स हमेशा ही कन्वर्शन करता है। उससे प्रवेश के बिन्दु सीमित हो जाते हैं क्योंकि कन्वर्शन का छोर होता है। हमने अन्त नहीं रखा, हमेशा ही संक्रमिकता और क्रमिता एक साथ होते थे। मैं शूटिंग पर अपने सहयोगियों से कहता किसी भी चीज़ की निश्चित शुरुआत या अन्त नहीं होना चाहिए, तुम्हें हमेशा प्रस्थान बिन्दु को ख़याल संगीत की अवधारणा 'गृह' को मन में रखते हुए सोचना चाहिए पर साथ ही गृह, अंश और न्यास तीनों को भी मन में रखना चाहिए। इन तीनों से ख़याल का मुख्य सिद्धान्त बनता है और मेरे विचार से लघुचित्रों का भी। ये तीनों–गृह, अंश और न्यास एक साथ उपस्थित रहते हैं। आप यह नहीं कह सकते कि यहाँ 'गृह' है, यहाँ 'न्यास'। 'न्यास' पहले ही 'गृह' में उपस्थित रहता है। 'अंश' अनुपात की अनुभूति है। 'अंश' का पूर्णता से सम्बन्ध इस तरह है कि अंश (हिस्से) का पूर्णता से सम्बन्ध ही 'स्वर' लगाने के ढंग को तय करता है लेकिन हर 'सांगीतिक वाक्य' का पूर्णता से इस तरह सम्बन्ध होता है कि वह उस पूर्णता को जाग्रत कर देता है।

आपकी लघुचित्रों की इस समझ के कारण ही सम्भवतः 'क़स्बा' में हर चरित्र मानो एक रूपाकार बन गया हो।

शब्दों के साथ भी ऐसा ही था, वे मानो एक चीज़ से दूसरी पर फिसल रहे थे। वे स्थिर नहीं थे। वे लगातार कहीं और फिसल जाते थे।

क्या आपने रोबर्टो रोसेलीनी की फ़िल्में फ़िल्म संस्थान में ही देख ली थी?

दरअसल, उन दिनों भारत में रोसेलीनी की फ़िल्मों पर रोक थी। ऐसा माना जाता था कि वे एक जानी-मानी बंगाली स्त्री को भगा ले गये थे। वे उसे भगा ले गये थे या वह उन्हें पता नहीं है। वे उस समय यहाँ भारत पर एक फ़िल्म बनाने आये थे। बाद में वे नहीं आ सके। उन्हें भारत से प्यार था। उन्होंने एक फ़िल्म बनायी : भारत-मातृभूमि। मैंने वह फ़िल्म पेरिस में देखी थी। सत्यजीत राय को वे पसन्द नहीं थे। दरअसल, उन्होंने एक रोसेलीनी के ख़िलाफ़ बहुत ही तल्ख लेख लिखा था। भारतीय फ़िल्मकारों पर डी. सीका का अधिक प्रभाव था। राय ने वह लेख वेनिस फ़िल्म समारोह से लौटकर लिखा था। उन्होंने वह लेख 'ला मोण्द' के लिए लिखा था जिसे फ्रांसीसी न्यू वेव के लोग बहुत पसन्द करते थे। उन्होंने रोसेलीनी की फ़िल्म 'ए-ह्यूमन वॉइस' पर लिखा था। उस सारी फ़िल्म में रोसेलीनी ने लगभग काटा ही नहीं था। वे मानो सम्पादन (एडिटिंग) करना ही न चाहते हों। उनकी बहुत रुचि प्लाँ सेकॉस में थी जिसे अँग्रेज़ी में 'प्लान सीक्वेन्स' कह सकते हैं, जहाँ सारा क्रम एक ही शॉट में होता है और वह संकेतात्मक और काव्यात्मक होता है। सिम्फनी की तरह नहीं होता, जो नियन्त्रित चीज़ है। इस तरह पश्चिमी संस्कृति अपने आप पर भी दूसरे विश्वयुद्ध के बाद सवाल उठा रही थी। वहाँ संगीत समेत सभी निर्मितियों के दैत्याकार होने की समझ बढ़ रही थी, जिसके बारे में उन्हें लगता रहा था कि वह सब मानो युद्ध संगीत हो। जैसे वह समूची संस्कृति ऐसे व्यक्तियों का सृजन हो, जो दूसरों को नियन्त्रित करना चाहते हों। जब सारे यथार्थवादी स्कूल को यह समझ आया कि उस सभ्यता का फ़ासिस्ट नियन्त्रण हो रहा है और उन्हें उस दृष्टि को छोड़ना होगा, इस समझ के भीतर दिल धड़कता था, इसमें गहरी अनुभूति थी। यह नियन्त्रित करने वाली संस्कृति को तिरस्कृत करने की समझ से उत्पन्न हुई थी। क्योंकि तब तक लोग उस संस्कृति का झूठ बोलने में उपयोग करने लगे थे और उसे जब विश्वसनीय बनाया जाने लगा तब भी इन्तहा हुई।

आप रोसेलीनी के घटाव (सबट्रेक्शन) के बारे में बात कर रहे थे। क्या आपकी फ़िल्मों में यह घटाव रोसेलीनी की फ़िल्मों से आया है?

उस तकनीक का इस्तेमाल करने वाले कई हैं, वे उनमें से एक हैं। मेरी फ़िल्मों में शायद वह बहुत कुछ ब्रेसाँ और घटक से आया है। वे उन्हें इतना विपन्न बना देते थे कि सादगी का भाव पैदा हो जाता था। ब्रेसाँ उसे एक सम्पूर्ण परिष्कृत छवि में प्रस्तुत करते थे जो बहुत सरल होती थी, अनलंकृत। एक बार मैंने आइज़ेन्स्टाइन संग्रहालय के संयोजक वॉम क्लीमेन से पूछा था कि आइज़ेन्स्टाइन नव्य यथार्थवाद (नियोरियलिज़्म) के बारे में क्या सोचते थे। वे बोले, 'वे सोचते थे कि वह एक अलंकरण है।' अद्‌भुत! वह ख़ूबसूरत जवाब था। वह कमाल की समझ थी। वे बोले, 'तुम किन्हीं दो जानवरों की खालें लेकर पहन लो, यह उस तरह का है, आइज़ेन्स्टाइन नव्य यथार्थवाद के बारे में ऐसा सोचते थे।' उसके बाद ज़ाहिर है, मैं उस विचार पर अपनी संस्कृति के भीतर से बढ़त करता रहा और उनसे कुछ और सवाल पूछता रहा। फिर वे बोले, ज़ाहिर है एक दुभाषिये के माध्यम से, 'काश, आइज़ेन्स्टाइन का तुम्हारे जैसा कोई शागिर्द होता, फिर उन्होंने मुझसे सीधे बात नहीं की पर मॉस्को के मेरे आख़िरी दिन में उन्होंने मेरे दुभाषिये से कहा, 'अब तुम संग्रहालय जाओ और कुमार को 'आन्द्रे रूब्लिएव' का आइकॉन दिखाओ।' क्लीमेन जब भारत आये, वे बम्बई के हमारे घर भी आये।

क्या वे फ़िल्मकार हैं?

नहीं। वे सिर्फ़ आइज़ेन्स्टाइन की आत्मा हैं। मैं उम्मीद करता हूँ कि वे अभी जीवित हों। मैंने उन्हें कुछ चिट्ठियाँ भेजी थीं, जब अरुण खोपकर वहाँ थे और कोई और भी था जो वहाँ पढ़ना चाहता था। उन्होंने उसकी मदद की थी। जब वे एक प्रतिनिधिमण्डल के साथ भारत आये, उनके अलावा बाक़ी सब राजकपूर जैसे फ़िल्मकारों से मिलने चले गये, वे मेरे पास आये।

आपके अलंकरण के बारे में क्या विचार हैं ख़ासकर आपके ब्रेसाँ

और रोसेलीनी को पसन्द करने के सन्दर्भ में?

ब्रेसाँ में सादगी है। पर सिनेमा में दोनों की ही सम्भावना है : सादगी की और अलंकरण की। ब्रेसाँ में मुख्यतः सादगी है हालाँकि वे भव्यता की आकांक्षा रखते हैं। जब मैं उस तरह काम करता हूँ, मैं चाहता हूँ कि अलंकरण अनुभव हो, यथार्थ का चमत्कार घटित हो और हमें उसे घटित होने देना चाहिए। भारत में अलंकार की जो समझ है जहाँ क्रीड़ा सम्भव है, मैं उसे अपने काम में रखना चाहता हूँ और यह न ब्रेसाँ में है और न रोसेलीनी में, न कैथोलिक फ़िल्मकारों के काम में। वे जब सादगी की ओर बढ़ते हैं, वे सचमुच उसकी ओर बढ़ रहे होते हैं : ब्रेसाँ सन्त ऑगस्टीन की परम्परा में और रोसेलीनी नोटेशनल आख्यानों के जैसे।

आपके लिए चीज़ों के व्यवस्थित होने का विचार महत्त्वहीन क्यों है?

मेरे लिए वह कुछ अधिक ही मज़हबी है। मुझे बहुत-सा विज्ञान भी वैसा ही लगता है, मानो वह ख़ुदा से डरा हुआ हो। मानो वहाँ किसी मूल कारण में भरोसा रखा जा रहा हो। मैं मज़हबों के पहले के रूपाकारों के प्रति अधिक आकर्षित होता हूँ मसलन जिसे वे 'पुकार' कहते हैं, जिसे बाद में मज़हबों ने भी अन्तःस्थ कर लिया। वहाँ कोशिश उस 'पुकार' तक पहुँचने की होती है, उस अवस्था तक पहुँचने की जिसे हमने स्त्रीत्व से जोड़ रखा है। लेकिन अगर आप यथार्थ को किसी सारतत्त्व में घटाने का 'एसेन्शलाइज़' करने का प्रयास करेंगे, यह सम्भव नहीं हो पायेगा। उस ढंग में यह कहने का चलन है, यह चीज़ ऐसी है कि यह केवल इसी तरह मुमकिन है। यहीं से आदर्श पैदा होता है क्योंकि इस स्थिति में जब आप यह पूछते हैं कि मार्ग क्या है, वह कहाँ है, क्योंकि आपके चारों ओर अव्यवस्था बिखरी होती है, लेकिन हर बार जो उत्तर आपको मिलता है, वह शुद्ध विचार का होता है। हिस्ट्री तब झूठ हो जाती है। जब वह एक तरह का

...का स्वाँग हो जाती है।

हाँ, वह दरिद्र स्वाँग बन जाती है और उस विचार की शुद्धता का भी दूषण होता है और इस तरह वह दुबारा एक क़िस्म तत्त्ववाद (इसेंशियलिज़्म) पर लौट आती है। मनुष्य विस्मय और जिज्ञासा चाहता है, न कि तत्त्ववाद जो कि एक जगह ठहरा हुआ विचार है। आप आइज़ेन्सटाइन को देखें, मार्क्स, फ्रायड, गाँधी, यहाँ तक कि गणितज्ञ मेडेंलब्रोट को देखें। पिछली दो शताब्दियों ने हमें व्यवस्था के परे ब्रह्माण्ड को समझने की शिक्षा दी है।

> सर्जक का घर कैसे हो सकता है। मुझे ठीक याद नहीं पर इस आशय का कुछ गुरु नानक ने भी कहा था। हिन्दी के महान् लेखक निराला की एक कहानी है, 'अर्थ'। यह ऐसे आस्थावान व्यक्ति की कथा है, जिसकी आस्था पूरी तरह ध्वस्त हो जाती है, और वह एक ऐसी जगह पहुँचता है, जहाँ उसे भगवान राम के मिलने की प्रत्याशा है, लेकिन उसे वहाँ कोई नहीं मिलता। उसके मन में यह शंका आती है कि क्या भगवान राम हैं भी या नहीं। उसी समय एक तोता जो उसके सिर के ऊपर के पेड़ पर बैठा है, चीख़ता है, 'है, है'। फिर दूसरा प्रश्न उसके मन में आता है कि अगर वह है तो यह सब क्या है? तोता फिर बोलता है, 'चित्रकूट'। 'चित्रकूट' शब्द के समास विग्रह को निराला ने अलग तरह से किया है : (वि) चित्र इसका आशय यह है कि अलौकिक सत्ता या भगवान वह है जिसका कूट (कोड) विचित्र है। यह सुनकर वह आस्थावान व्यक्ति लेखक बन जाता है। आप शायद ऐसा कुछ कह रहे हैं।

लगभग ऐसा ही कुछ।

> हम जिसे यथार्थ कहते हैं, वह किसी भी हाल में कोई बँधी हुई चीज़ नहीं है। उसके कूट (कोड) निश्चित नहीं हैं। यथार्थ या वास्तविकता हमें उसे कई तरह से पढ़ने को प्रेरित करती हैं क्योंकि उसके कूट विचित्र हैं। इसीलिए उसमें वह बन्धन नहीं जिसकी आप चर्चा कर रहे थे। हर बार हम एक अलग तरह के अलंकार पर पहुँचते हैं, अलग तरह के अलंकरण पर। जब आपने रोसेलीनी को पहली बार

देखा आप फ़िल्म संस्थान में रहकर दो फ़िल्में बना चुके थे।

दो नहीं, तीन। तीसरी मैंने मानसिक रूप से अविकसित बच्चों पर पेरिस जाने से पहले बनायी थी। वह बहुत छोटी फ़िल्म थी, जिसे मैंने अहमदाबाद में बनाया था और मैं उसकी निर्मिति में बहुत गहरे तक शामिल था। मैं उन दिनों वास्तविकता में काव्य ढूँढ़ने का प्रयास कर रहा था।

आपका मनोविश्लेषण से क्या सम्बन्ध है?

मेरे कुछ दोस्त थे, उन्हें मनोविश्लेषण में मुझसे अधिक दिलचस्पी थी। मैंने स्कूल में थोड़ा-बहुत फ्रायड पढ़ा था। साहित्य के चारों ओर की भाषा में मनोविश्लेषण इस तरह गूँथा हुआ रहता है कि आपको यह जानने की जिज्ञासा होती ही है कि आख़िर वह है क्या। उसे जानने का प्रयास अपने घावों, अपने साथ हुई पीड़ादायक घटनाओं को समझने का प्रयास भी था।

क्या आपने इसीलिए बियॉन पर फ़िल्म बनाने का निश्चय किया था?

नहीं। तब तक मुझे उस विषय के प्रति सीधा आकर्षण हो चुका था, मेरे क़रीबी दोस्त और मनोचिकित्सक इसमें डूब चुके थे। मैं तभी पेरिस से लौटा था, १९६८ के पेरिस से। उन दिनों के पेरिस के कई विमर्शों में आप मनोविश्लेषण का कुछ न कुछ देख सकते थे। वे सन् १९६८ के मई के दिन थे, उन दिनों लोगों की इतनी तरह से बातचीत चल रही थी कि उसे समझकर शब्दों में कह पाना मुश्किल है। यह बातचीत लगातार हो रही थी। यह मुझे इसलिए भी छू रही थी क्योंकि वे तर्कणा (रीज़न) की मेरे जैसे अजनबी को समझने में अक्षमता को साधने की कोशिश कर रहे थे। सिर्फ़ मेरे जैसे अजनबी को ही नहीं बल्कि एक-दूसरे के सम्बन्ध के सन्दर्भ में भी वे इस अक्षमता का परीक्षण कर रहे थे। तब तक वे वियतनाम जैसी किसी बहुत दूर की घटना से ही बेहद मानवीय ढंग से जुड़ पाते थे। लेकिन वे एक-दूसरे से मुश्किल से ही सम्बन्ध बना पाते थे। मुझे यह बात बहुत तकलीफ़

देती थी। लोगों के चारों ओर मानो मोटी दीवार थी, क्योंकि वे अपने बिल्कुल क़रीब के परिवेश से जुड़ ही नहीं पाते थे। अपने क़रीब के लोगों से अगर आप जुड़ नहीं पाते, आपकी संवादधर्मिता गड़बड़ा जाती है। इसलिए वे वियतनाम के बारे में भी जो कुछ कह रहे थे वह भी ग़लत था। मैं इस बात से चकित होता था कि वे अपने देश की ओर सीधा-सीधा क्यों नहीं देख पाते थे। मुझे उन दिनों ऐसा एक भी व्यक्ति नहीं मिला था, जो पेरिस के अपने घर के संकट का सामना कर रहा हो। लोग हमेशा ही पूँजीवाद के संकट और उसके परिणामों के बारे में बात करते थे, मानो वह संकट ही सब कुछ हो। पूँजीवाद हमेशा संकट की बात करता है। बल्कि पूँजीवादी व्यवस्था में रहने वाले कम्यूनिस्ट भी वही करते हैं। पर वैसा है नहीं। वह दरअसल सचमुच के संकट को छिपाने का एक रास्ता है। मई १९६८ में यह हुआ कि हर व्यक्ति हरेक व्यक्ति से बात कर रहा था और ऐसा होना अद्‌भुत था। जो लोग साठ के दशक के पेरिस में जानते हैं, उन्हें मालूम होगा कि शहर के बौद्धिकों के आपस में इतने मतभेद थे कि वे एक-दूसरे से बात तक नहीं करते थे, इन्हीं लोगों में ज्याँ जेने भी थे। वे इनकार कर देते थे, जानबूझकर, हालाँकि वे लोकतान्त्रिक जाने जाते थे। वे विचारधाराओं के कारण बात नहीं करते थे और विचारधाराओं की कमी नहीं थी। मसलन, कोई कहता कि स्त्रियों की ओर देखना ग़लत है और कोई कहता कि पुरुषों की ओर देखना ग़लत है या इसी तरह का कुछ। मैं यह सब समझ नहीं पा रहा था। एक-दूसरे से बात करने की जगह वे सिर्फ़ चिल्लाते थे। लेकिन १९६८ के मई महीने में स्थिति बदल गयी, हरेक दूसरे से बात कर रहा था, उसके बारे में जानना चाहता था। इसलिए उन दिनों मनोविश्लेषणात्मक विमर्श हवा में था। बहुत-से ट्रोटस्कीवादी भी सक्रिय थे। बल्कि तब बहुत-से ट्रोटस्कीवादी समूह थे। ट्रोटस्की ने ट्रोटस्कीवादियों से अलग मनोविश्लेषण को हमेशा स्वीकार किया था। और हाँ, वहाँ तब लैवी स्ट्रॉस भी थे और इसलिए वह विमर्श पूरी तरह स्वीकृत हो गया था। पत्रकारिता पर इसकी छाया पड़ने लगी थी। फिर मैं भारत लौट आया और उदयन पटेल से मिला। वे रोशन (शहानी) और अकबर पदमसी के गहरे दोस्त थे। उन्होंने मुझसे पूछा कि क्या मैं उनके एक मरीज़, जिस पर वे शोध लिख रहे थे, पर फ़िल्म बनाना चाहूँगा। मैंने उनके साथ मिलकर छोटी-सी फ़िल्म बनायी। अकबर की नेहरू अध्येतावृत्ति के

भाग के रूप में एक कार्यशाला भी होती थी। हम सब वहाँ मिलते थे। मणि (कौल) की 'दुविधा' भी उसी कार्यशाला में तैयार हुई थी।

और तब यह बियॉन फ़िल्म शुरू हुई होगी।

कुमार–उदयन पटेल तब तक बियॉन का बहुत सारा लेखन पढ़ चुके थे उनके विचारों से भरे हुए थे और उनके बारे में लगातार बात करते थे। फिर वे बियॉन से मिले। लगभग इसी समय उन्होंने डोनॉल्ड मेल्टज़र को बम्बई आमन्त्रित किया। उन्होंने मिलकर यह सोचा कि एक फ़िल्म बनाना चाहिए, हालाँकि तब तक वे यह तय नहीं कर पाये थे कि वह कैसी फ़िल्म होगी। मैं उनसे बातचीत करके फ़िल्म का रूप विकसित करने को आज़ाद था जिसमें मैं कई दृष्टिकोण ला सकता था।

क्या तब बियॉन जीवित थे?

जब हमने उस प्रोजेक्ट को शुरू किया, वे जीवित थे। हमने उस बारे में सोचना शुरू कर दिया और फिर मैं लन्दन गया। उनकी मृत्यु के साथ एक अजीब-सा संयोग जुड़ा है। बियॉन ने उदयन से भगवद्गीता को संस्कृत में रिकॉर्ड करने का आग्रह किया था। मैं उस समय श्री गोडबोले से संस्कृत सीख रहा था और उनसे हमने आग्रह किया कि वे स्टूडियो आकर गीता का पाठ रिकॉर्ड करा दें। हमने रिकॉर्डिंग करना शुरू ही किया था कि उदयन वहाँ आये और बोले कि उन्हें ख़बर मिली है कि बियॉन नहीं रहे।

आप वह फ़िल्म किसके लिए बना रहे थे? मेरा आशय है कि आपकी फ़िल्म के निर्माता कौन थे?

इंग्लैण्ड में एक रोनॉल्ड हेरिस ट्रस्ट था, वे मनोविश्लेषण की किताबें प्रकाशित करते थे। उन्होंने मुझसे बियॉन के बारे में बात की और मुझसे पूछा कि मैंने उनका क्या पढ़ रखा है और मुझे उनके काम के किस आयाम में विशेष रुचि है। फिर उन्होंने मुझसे फ़िल्म बनाने का आग्रह किया। एक तरह

से उन्होंने मुझसे कोई मोलभाव नहीं किया। उन्होंने सिर्फ़ मुझे फ़िल्म बनाने को कहा। वे 'माया दर्पण' देख चुके थे और उनके मन में बियॉन के साथ-साथ मेरे काम के प्रति भी सम्मान था। उन्होंने मुझे लन्दन आने का आमन्त्रण दिया कि मैं वहाँ रहकर पटकथा पर काम कर सकूँ।

आप वह फ़िल्म किस तरह बनाना चाहते थे?

वह पूरी फ़िल्म एक 'तान' होने वाली थी। बियॉन का बचपन उसका आधार था। बियॉन ने कई जगह 'मानस का पुरातत्त्व' पदबन्ध इस्तेमाल किया है। फ़िल्म में बहुत से दृश्य युद्ध के भी होनेवाले थे, जब बियॉन बच्चे थे और उन्हें तमगा मिला था। हमें जिम कार्बेट पार्क में शूट करना था, उसके बाद इंग्लैण्ड में। सचमुच के युद्ध के दृश्य यहाँ शूट करना मुमकिन नहीं था पर फिर भी हमने ऐसी कुछ जगहें ढूँढ़ी थीं जहाँ हमें युद्ध के दृश्य फ़िल्माने थे। ये जगहें यूरोप, दिल्ली, माण्डू (मध्य प्रदेश) और फ्रांस में किसी स्थान का गिरजाघर होना था।

आप इस सबको बियॉन की ज़िन्दगी से किस तरह जोड़ने वाले थे?

बियॉन ने एक पुस्तक 'त्रयी' लिखी है, जो कुछ-कुछ उपन्यास-सी है और कुछ-कुछ संवाद। इनमें से एक संवाद दरअसल स्वर्ग में होता है। फ़िल्म का एक लम्बा दृश्य तैरते हुए बादलों और इसी तरह के परिवेश में फ़िल्माया जाना था। मैं एक संवाद ला कार्बूजिये के रोशाँ में बनाये गिरजाघर 'नात्रे देम दू हूत' में फ़िल्माना चाहता था।

आप इस फ़िल्म में बियॉन को किस तरह रचना चाहते थे, क्या आप यह उनकी मनोविश्लेषण की खोज के सहारे कर रहे थे या उसमें मनोविश्लेषण का स्थान हाशिये पर था या वह फ़िल्म बियॉन की आँखों से देखे गये बियॉन की तरह बनने वाली थी, मैं विचार के स्तर पर यह बात पूछ रहा हूँ, सिनेमाई स्तर पर नहीं।

फ़िल्म का आधार बियॉन का बचपन और उनके व्यक्ति होने के सोपानों को देखने से बना था। वे अपने जन्म-पूर्व अनुभव के बारे में भी बात करते थे, जो निश्चय ही उन्होंने अपनी आया से सुने होंगे। भारत में यह बद्धमूल विश्वास है। वह हर उस माँ में मैंने अनुभव किया है, जिनमें मैं मिला हूँ। मुझे पता नहीं, उनकी माँ इस पर किस हद तक विश्वास करती थीं पर उनकी आया तो निश्चय ही व्यक्ति के बनने में अन्य अनुभवों के अलावा प्रसवपूर्व अनुभवों को उतना ही महत्त्व देती रही होंगी।

यह कुछ-कुछ उसी विश्वास की बात है, जो महाभारत में अभिमन्यु को गर्भ में हुआ था।

बियॉन का प्रसन्नपूर्व के अनुभवों पर गहरा विश्वास मेरे लिए अत्यन्त महत्त्वपूर्ण बात थी। क्योंकि मैं वो था जो ऐसी असंख्य माँओं से मिल चुका था, जिनका इन अनुभवों पर अटल विश्वास था। मेरे लिए वह फ़िल्म समस्याग्रस्त व्यक्तित्व की परतें खोलना था। मुझे ख़ुद अपनी सिनेमेटिक अवधारणाओं को भी समझना था। यह जानना था कि ऐसे अनुभवों का सिनेमा से क्या सम्बन्ध बन सकता है क्योंकि केवल मनोविश्लेषण की दृष्टि से फ़िल्म बनाना ग़लत होता। आपको ऐसी फ़िल्म में भी सिनेमा की भाषा को शामिल करना होता है।

जो मनोविश्लेषण की भाषा से अलग है...

उसका अपना आपा होता है और सौभाग्य से जिन लोगों के साथ मैं काम कर रहा था जैसे उदयन पटेल, डोनॉल्ड मेल्टज़र, मैत्ती हेरिस इस दृष्टि का सम्मान करते थे। मैत्ती की बेटी ने पटकथा लिखने में मेरा सहयोग किया था।

वह फ़िल्म कितनी बन सकी?

केवल एक-तिहाई।

मैंने उस फ़िल्म के कुछ हिस्से देखे हैं, मुझे वह दृश्य याद है जिसमें बियॉन ख़ुद अपने को पैदा होते देख रहे हैं। क्या ऐसा कुछ बियॉन के लेखन में भी मिलता है।

अगर मुझे ठीक याद है तो हमने उसे शेक्सपियर के 'हेमलेट' की तरह तैयार किया था। अब मुझे यह याद नहीं कि वह ठीक-ठीक था क्या? वह अब तक पूरी तरह दिमाग़ में घुल गया है। हमने उस छवि के लिए कुछ लिखा ज़रूर होगा।

क्या वह लम्बी फ़िल्म होने वाली थी?

वह सम्पादन के बाद कुछ लम्बी फ़िल्म होती। वह क़रीब दो घण्टे और पन्द्रह मिनट के क़रीब हो सकती थी।

क्या आप उसे एक ऐसी फ़िल्म का रूप दे रहे थे कि वह केवल मनोचिकित्सकों के लिए ही होती?

नहीं। क्या एक दर्शक की तरह तुम्हें उसके रशेज़ देखते समय ऐसा कुछ महसूस हुआ था?

जब मैंने रशेज़ देखने शुरू किये, मुझे उसमें एक ऐसी प्रांजलता अनुभव हुई, जिसका अनुभवों के ढाँचों में डालकर देखने के मनोविश्लेषणात्मक विधि से कोई बहुत ताल्लुक नहीं था। मुझे यह भी महसूस हुआ था कि सिनेमाई प्रांजलता और मनोविश्लेषण के बीच किसी तरह का संवाद चल रहा हो पर चूँकि मैं मनोविश्लेषणात्मक विमर्श से बहुत वाक़िफ़ नहीं था इसलिए अगर वह फ़िल्म में रहा भी होगा, उसने मुझे बहुत छुआ नहीं।

अब हम 'बैटलशिप पोटेमकिन' और 'द गोलेम' जैसी कल्पनाशील फ़िल्मों के विषय में बात करते हैं। मैंने ये दोनों ही फ़िल्में आपके साथ देखी हैं। आपको 'द गोलेम' का कौन-सा आयाम अधिक

आकर्षित करता है?

'गोलेम' का विषाद। मुझे वह बहुत अधिक छूता है विशेषकर उसका मनुष्य न होना, उसका स्वीकृत न हो पाना और निर्देशक का इस सबको हास्य के साथ रच पाना। जैसे वे दृश्य जिनमें एक छोटी लड़की अन्ततः उस स्टार को उससे हटा लेती है, और इस तरह उसे उसकी पीड़ा से आज़ाद कर देती है।

अगर फ़िल्म बनाने की दृष्टि से देखा जाय तो आप कार्ल थ्योडोर ड्रायर की 'द पैशन ऑफ़ ज़ोन ऑफ़ आर्क' को आप कैसे देखते हैं?

ड्रायर की 'ज़ोन ऑफ़ आर्क' के कला निदेशक अधिकांशतः एक्सप्रेशनिस्ट परम्परा में प्रशिक्षित हुए थे। इसलिए उस फ़िल्म का अभिनय बहुत कुछ एक्सप्रेशनिस्ट है। मैं उस तरह के अभिनय का समर्थक नहीं हूँ। ज़ाहिर है उसमें आंगिक अभिनय कुछ ज़्यादा ही होता है। लेकिन उस फ़िल्म की मुख्य पात्र मारिया फ़ाल्कोनेत्ती 'ग़ैर अभिनेत्री' थीं इसलिए वे अन्यों के जैसा ज़्यादा आंगिक अभिनय नहीं करती थीं। यह सब मिलकर उस फ़िल्म का संयोजन ठीक हो गया था। कुल मिलाकर एक्सप्रेशनिस्टों ने तकनीकी स्तर पर यह किया था : उन्होंने उन रूपाकारों के उपयोग की सम्भावना को खोजा था जो अनुकरणात्मक होकर फ़िल्म का हिस्सा हो सकते थे और जो संकेतात्मक होते थे। जिससे वे किसी भूदृश्य का ही रूपान्तरण कर सकते थे। वे अपनी इस खोज में इतनी दूर तक निकल गये कि वे अन्ततः नीचे गिर पड़े। यह नहीं कि उस तरह की चीज़ करना चाहता होऊँ, कम से कम मैं उसमें भरोसा नहीं रखता। दरअसल, अवचेतन की उनकी समझ ही ग़लत है। एक्सप्रेशनिस्टों के लिए अवचेतन में केवल आतंक होता है। मैं नहीं सोचता कि अवचेतन केवल आतंक से बना होता है, हालाँकि उसमें ऐसे कुछ तत्त्व होते हैं। इसलिए उनकी उपलब्धि गति को लेकर है, जहाँ वे रूपाकारों के लचीले ढंग का उपयोग करते हैं। उन लोगों ने रूपाकारों के लचीलेपन को सम्प्रेषित किया है।

इस सन्दर्भ में आप 'बैटलशिप पोटेमकिन' को कहाँ रखेंगे? इस

फ़िल्म ने आपके फ़िल्म बनाने के ढंग में किस तरह योगदान किया है या दूसरे शब्दों में इसका आपके उपज के ढंग में क्या जगह बनती है?

हम भी 'तीसरे अर्थ' की तलाश करते हैं (यह प्रत्यय रोलाँ बाख़्त ने आइज़ेन्स्टाइन पर लिखे अपने निबन्ध में लिखा है) जैसा सर्गेयी आइज़ेन्स्टाइन करते थे।

लेकिन वे उस तरह 'बढ़त' नहीं करते थे, जैसी आप करते हैं।

उस तरह नहीं करते थे। वे वह पश्चिमी संगीत की तरह करते थे, जहाँ तीसरे अर्थ के सृजन का सचेत प्रयत्न होता है। तीसरे अर्थ के बारे में जापानियों ने बहुत विचार किया है। संस्कृत में तीसरे अर्थ का आशय 'व्यंजना' है। मुझे यह बात बहुत आकर्षित करती है : यह तथ्य कि आइज़ेन्स्टाइन के लिए कलाकृति का प्रमुख लक्षण उसका संकेतन करना है कि सिनेमा को सिर्फ़ छवियों के सन्दर्भ में नहीं बनाया जा सकता, उसके लिए 'तीसरे अर्थ' या तिर्यक अर्थ (रोलाँ बाख़्त) का होना चाहिए। आइज़ेन्स्टाइन अनुगूँज (ओवरटोन्स) की भी बात करते हैं। मुझे इसमें भी गहरी रुचि है। ख़ैर, यह भी है कि उनकी फ़िल्मों का सम्बन्ध स्वतन्त्रता से है। मेरे लिए स्वतन्त्रता की अवधारणा अलग है। मैं जिस तरह की स्वतन्त्रता की खोज ख़ुद के लिए और अपने लोगों के लिए करता हूँ, वह उससे अलग है जो वे पोटेमकिन में कर रहे थे। लेकिन उस फ़िल्म में स्वतन्त्रता के प्रति गहरा आग्रह है। पोटेमकिन के बाद दुनिया में ऐसी एक भी फ़िल्म नहीं बनी जिसमें बड़े समूह को बिना पोटेमकिन की याद के फ़िल्माया जा सके। आपको पोटेमकिन की याद करना ही पड़ेगा। आप पोटेमकिन की नक़ल भले न करें पर आप उसे भूल नहीं सकते। अगर आप उसे भूलते हैं तो उसकी नक़ल कर जायेंगे। कैसी अजीब बात है।

क्या कोई भी बड़े समूह का दृश्य फ़िल्माते वक़्त?

हाँ। तुम देख सकते हो कि कैसे हरेक ने पोटेमकिन के इस व्याकरण से कुछ न कुछ लिया है। इस फ़िल्म ने मानवीय ज्ञान में बहुत वृद्धि की है ख़ासकर इस अर्थ में कि लोग उसे पीछे छोड़ नहीं पाते।

> आप लुई बुनुएल और उनकी फ़िल्म कला को किस तरह देखते हैं? आपने पूना में मुझे बुनुएल की जिन फ़िल्मों को देखने को कहा था, उनमें 'विरिदियाना' और 'साइमन ऑफ़ द डेज़र्ट' ख़ास थीं। इसी से मुझे यह उत्सुकता हुई कि बुनुएल के बारे में आपसे सवाल करूँ जिससे आप उन पर एक बार फिर कुछ नया विस्तार करें।

बुनुएल स्पहानी थे और फ्रेन्को के शासन ने उन्हें स्पेन आने दिया था और वहाँ रहकर फ़िल्म बनाने दिया था। शुरू में वे पेरिस में काम करते रहे। फिर वे अमरीका चले गये, वहाँ से मैक्सिको। उन्नीस सौ बीस के दशक के अन्त से 'विरिदियाना' (१९६१) बनाने तक वे लगातार यहाँ से वहाँ जाते रहे थे। अन्ततः उन्हें अपने घर, स्पेन में फ़िल्म बनाने को आमन्त्रित किया गया। लेकिन फ़िल्म के बन जाने के बाद वहाँ की तानाशाही ने उसकी कई प्रतियाँ नष्ट कर डालीं। सौभाग्य से उस फ़िल्म के निगेटिव लन्दन में थे। इस फ़िल्म के बचने की कहानी हैरतअंगेज़ है। मैं यह इसलिए कह रहा हूँ क्योंकि वे (वहाँ के वामपन्थी) विरोध करने में विश्वास रखते थे। उन्होंने बुनुएल को उनकी पहली फ़िल्म विरोधस्वरूप जलाने को कहा था कि वह जलाना ख़ुद में एक कला रूप बन जाये। हमें यह याद रखना चाहिए कि वे अतियथार्थवाद (सुर्रयलिज़्म) के शुरुआती दिन थे। बुनुएल अपने दोस्तों की सलाह मान गये कि वे फ़िल्म बनाकर उसे जला देंगे। लेकिन जब वे इसे जलाने पहुँचे, वहाँ कोई नहीं आया। बुनुएल अजीब चीज़ें किया करते थे।

> 'बैटलशिप पोटेमकिन' ने आपकी फ़िल्म कला में क्या भूमिका निभायी है?

'तरंग' में मसलन मैं हड़ताल के दृश्य शूट कर रहा था, ज़ाहिर है यह ऐसा बिन्दु था जहाँ मैं आइज़ेन्स्टाइन को उद्धृत कर सकता था। बहुत-

से फ़िल्मकार इस स्थिति में अनायास ही वही करते। तथाकथित बुर्जुआ फ़िल्मकार, बेहद कमर्शियल या उसके विपरीत फ़िल्मकार भी वही करते, इसीलिए उनके किये को याद रखना ज़रूरी है, ताकि आप उसे दोहराने से बच जायें। मैं उन दृश्यों को शूट करते समय लगातार एक प्रार्थना की तरह याद करता रहा था, हम यह कहने से बच नहीं सकते कि आइज़ेन्स्टाइन ने इसे यूँ किया था और उन्हें ही वैसा करने दिया जाये। इसीलिए मुझे 'तरंग' के उन दृश्यों को शूट करके बहुत ख़ुशी हुई थी। वह किसी भी सूरत में आइज़ेन्स्टाइन की नक़ल नहीं थी।

> 'तरंग' के इन दृश्यों को अपनी तरह से शूट करते समय आप यह याद दिलाते चल रहे थे कि आप क्या करने की कोशिश नहीं कर रहे हैं?

'तरंग' में इस तरह दृश्यों को काटने का (सम्पादित करने का) कोई प्रयास नहीं था कि 'मोंताज-प्रभाव' आ सके। लेकिन इस तरह न करने के भी ख़तरे थे। आइज़ेन्स्टाइन का अन्तिम रूपकात्मक सरोकार दिलचस्प था मसलन, उनका संकेतन के प्रश्न के प्रति गहरा लगाव, जहाँ वे सिनेमा की अनुगूँजों, अमूर्तनों से यह बहुत अपेक्षा रखते थे कि वे दृश्यों के ठोस होने से परे जा

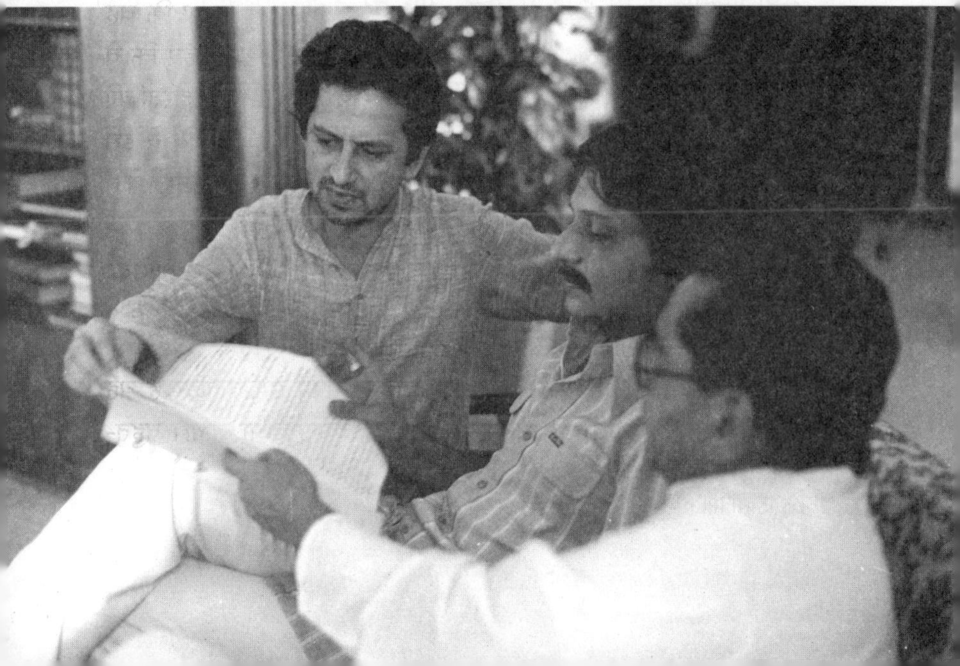

सकें। कोई फ़िल्मकार ऐसा कैसे कर सकता है? वह बिल्कुल कर सकता है, अपने भौतिक परिवेश में अपने ढंग से काम करके। ऐसा कहा जाता है कि इतने बड़े स्तर पर मोंताज का इस्तेमाल इसलिए हुआ क्योंकि उन दिनों सोवियत संघ इतना ग़रीब था कि फ़िल्म की छोटी-छोटी स्ट्रिप्स ही मिल पाती थीं। मोंताज उन भौतिक परिस्थितियों की ज़रूरत के कारण अस्तित्व में आया। मुझे नहीं पता कि यह क़िस्सा सही है या नहीं पर यह है दिलचस्प कि किस तरह आर्थिक विपन्नता में भी सृजन सम्भव हो पाता है।

> मुझे लगा कि 'पोटेमकिन' बेहद ढाँचाबद्ध (स्ट्रक्चर्ड) फ़िल्म है पर जब हम वहाँ से आपकी फ़िल्मों पर आते हैं वह ढाँचा (स्ट्रक्चर)...

खुल जाता है। मैं उसे और ज़्यादा खोलना चाहता था।

> कुछ दिन पहले आप 'खेल के नियम' की बात कर रहे थे, उनसे मसलन कैमरे के चलाने के ढंग में क्या मदद मिलती है?

इस तरह हम सूक्ष्म संशोधित (मोड्यूलेट) कर सकते हैं। मैंने इन वर्षों में दल्यूज़ को नहीं पढ़ा लेकिन सिनेमा के फ्रांसीसी सिद्धान्तकार के रूप में अपने दोस्तों के मुँह से उनके उद्धरण सुने हैं। वे, ह्यूस्टन और कुछ अन्य फ़िल्मकार मेरे दृष्टि में अच्छे और बुरे दोनों अर्थों में लिबरल हैं। पूँजीवादी विचारधारा ने उन्हें इस तरह प्रस्तुत किया है मानो वे सूक्ष्म संशोधन (मोड्यूलेशन) को रहस्यपूर्ण बना रहे हों। लेकिन इनसे कहीं अधिक पश्चिम में इस विचार को बर्गसाँ ने प्रचारित किया था, हालाँकि मेरे ख़याल से उन्होंने यह भारत से लिया था। उन्होंने कभी कुछ भारतीय ग्रन्थ पढ़े होंगे। सूक्ष्म संशोधन (मोड्यूलेशन) का विचार हमारी संस्कृति में शुरू से है। तुम देखो, उदाहरण के लिए, महाभारत में किसी नायिका का कैसे वर्णन किया जाता है, कद्रू का, विनिता या गंगा, कुन्ती या द्रौपदी का। उन सबका वर्णन लगभग एक-सा हो सकता है : कमल-से नयन, जंघाएँ केले के तनों-सी और यही सब। लेकिन हर वर्णन में सूक्ष्म संशोधन किया जाता है और इस सूक्ष्म परिवर्तन से ही विस्फोटक बदलाव आ जाता है। यही

कुछ हमारे संगीत में भी है। वह अनन्त स्केल पर चलता है क्योंकि हमारा स्केल बँधा नहीं है बल्कि वह अविरल स्केल है। और तब भी हमारे पास स्वर को बाँधने की व्यवस्था है। आप किसी स्वर तक कहीं से भी जा सकते हैं और हर बार वह सूक्ष्म स्वर संशोधन से सध जाता है। मुझे हमेशा से सूक्ष्म-संशोधन के इसी रूप में रुचि रही है। लेकिन सूक्ष्म-संशोधन को बरतने का हमारा ढंग, लिबरल पद्धति से कहीं आगे का है। लेकिन यहाँ परम्परा से उपज करने का रास्ता मौजूद है जो एक सच्ची विरासत है, जहाँ आप सिर्फ़ रूपाकारों के सहारे ही उपज नहीं करते, बल्कि जीवन में भी सार से परे जाकर उपज करते हैं। यह हमारे पास सिर्फ़ दर्शन से ही नहीं, यहाँ के सचमुच के लोकव्यवहार से आया है। इसीलिए मैं पश्चिम से आये लिबरल सिद्धान्त के सूक्ष्म-संशोधन को स्वीकार नहीं कर पाता क्योंकि मैं सोचता हूँ कि सिद्धान्त बनने से पहले यह उनके व्यवहार से उत्पन्न होना चाहिए, शायद इसीलिए ये सिद्धान्त लिबरल विचारधाराओं का बोझ लिये हैं।

> आप यह कह रहे हैं कि उनके ये सिद्धान्त उनके ढंग के जीवन से जुड़े हुए नहीं हैं।

बहुत जुड़े नहीं हैं। वे अभी भी संशोधित-स्केल (टेम्पर्ड स्केल) पर चल रहे हैं। लेकिन मुझे बर्गसाँ का विचार पसन्द है क्योंकि उन्होंने उसकी पीड़ा सही है, उससे सम्पर्क में आने की पीड़ा। हमारी पद्धति में, जहाँ व्यक्तिवाद नहीं है बल्कि आत्म की व्यक्तिपरकता परम्परा का व्यक्ति-विशेष में विशेष प्रकटन होता है, जहाँ आप एक की कमल-मन्त्र बुद्ध के चारों ओर दस हज़ार बार दोहराते हैं। हर कमल-मन्त्र में उसकी अपनी ग़लती शामिल होती है, उनका अपना सूक्ष्म-संशोधन (मोड्यूलेशन)। उसे आप भले न जानें पर आप उसका व्यवहार करते हैं। जापानी यह समझते हैं, वैसे सूक्ष्म-संशोधन को वे हमसे बेहतर समझते हैं। याशूयिरो ओज़ू का उदाहरण लो। वह इण्डिविजुएशन है, मगर वह व्यक्तिवाद नहीं है क्योंकि वे सोचते हैं कि सब कुछ बुद्ध है और आत्मा कमल है हरेक के लिए एक अलग कमल।

नृत्य में सृष्टि

कुमार शहानी

मैं आपका आभारी हूँ कि आपने मुझे आमन्त्रित किया। कई दिनों बाद मैं उस संस्थान में आया हूँ जिसके बनने में मैं भी शामिल रहा हूँ। यहाँ आकर मुझे इसीलिए हमेशा ख़ुशी होती है, एक तरह का नॉस्टेल्जिया घेरने लगता है।

आज का यह व्याख्यान, जो मुझे उम्मीद है, व्याख्यान न रह जाकर एक बहुकोणीय संवाद का रूप ले सकेगा, मैं जयन्त देसाई को समर्पित करना चाहता हूँ। जयन्त मशहूर भले न हों पर उन्होंने मध्यप्रदेश के लिए कुछ बहुत खास किया है। उनकी पत्नी देवांगना देसाई ने खजुराहो के शिल्प पर लिखा है और बाद के वर्षों में काफ़ी दिलचस्प शोध किया है। जयन्त ही देवांगना को पूरी उम्र सहयोग करते रहे जिससे वे एक ऐसी सृष्टि की कल्पना कर सकीं जिसे उन्होंने सीधे कल्पित करने की जगह विविध कलारूपों के माध्यम से सिरजा। यह व्याख्यान मैं अपने उन्हीं मित्र जयन्त देसाई को समर्पित करता हूँ जो कुछ दिनों पहले तक हमारे बीच थे और अपने अन्त तक जिनकी भंगिमाओं में जीवन का स्वीकार बना रहा। वे उन व्यक्तियों में थे जो हमें चारों ओर से घेरे सब कुछ में सुन्दरता और शक्ति का अनुभव करते थे, जैसा कि किसी भी भाषा की कोई प्रार्थना करती है। आप जानते ही हैं हमारी सभी प्रदर्शनकारी कलाओं में आह्वान किया जाता है। जयन्त भी अपने हर कर्म में यही आह्वान किया करते थे : आह्वान या एक उपस्थिति की रचना। यह वे अपने जाने के क्षण तक करते रहे। जब वे मृत्यु के बिल्कुल निकट पहुँचे, उन्होंने कुछ युवाओं को अपने पास बुलाया और उन्हें हाथ उठाकर सलाम किया।

जयन्त ने ही मेरा परिचय राग नीलाम्बरी और उसमें निहित गहन पीड़ा से कराया था। आपको शायद मालूम हो कि इस राग की रचना पण्डित ओंकारनाथ ठाकुर ने अपनी पत्नी की मृत्यु के समय की थी। जयन्त

* कुमार शहानी द्वारा भारत भवन में प्रस्तुत व्याख्यान का लिखित-सम्पादित संस्करण।

उस समय के शीर्षस्थ कलाकारों के कार्यक्रमों में मुझे आमन्त्रित किया करते थे। तब मैं छोटा था। उन्होंने ही यह मुमकिन किया कि मैं चकित होकर प्रकाश और रंगों के स्पन्दनों को देखता रह सकूँ, जो हमें अपनी पवित्र आनुष्ठानिकता में घेरते हैं। मेरी दृष्टि में नृत्य यही है। मैं जब उन आह्लादकारी प्रदर्शनों को देखकर बम्बई की सड़कों पर आता था, जहाँ यातायात होता, भौंकते हुए कुत्ते, झुग्गियाँ, यहाँ से वहाँ भागती रेलगाड़ियाँ, मेरे मन में यह प्रश्न उठता : असलियत कहाँ हैं, यहाँ बाहर, या वहाँ भीतर, पेगन आस्था की उस भव्यता में?

जयन्त ने मुझे ही टी.एस. एलियट की कविता, 'वेस्ट लैण्ड' पढ़कर सुनायी थी जिसके अन्त में 'शान्तिः, शान्तिः, शान्तिः' पाकर मैं चकित हो गया था। उन्होंने ही उस कविता के बाद मुझे फ्रेज़र की विलक्षण पुस्तक *गोल्डन बाओ* पढ़ने को दी थी। उन्होंने ही मेरे स्कूल के दिनों में मुझे एक ऐसी फ़िल्म के टिकट लाकर दिये थे जैसी फ़िल्म, उनकी नज़र में, इस देश में तब तक नहीं बनी थी। उन्हें उस फ़िल्म पर मेरी राय जानने की उत्सुकता थी। वह फ़िल्म थी, 'पाथेर पांचाली'।

उन्हें यह जानकर ख़ुशी हुई होती कि हम यहाँ उनके चले जाने का एक तरह का उत्सव मना रहे हैं, 'नृत्य में सृष्टि' पर विचार कर रहे हैं। एक बार मैंने टेलिफ़ोन पर देवांगना देसाई से पूछा था कि मुझे अपने भीतर देवत्व को महसूस करने क्या करना चाहिए? उन्होंने उत्तर दिया था, 'यह बिल्कुल सरल है, इसकी परम्परा है, तुम अपनी धुरी पर गोल घूम जाओ।' यह अटपटा हो सकता है लेकिन यह उत्तर सुनते ही मुझे तुरन्त लगा कि यह तो मुझे मालूम होना चाहिए था। यह मैंने कई लोगों में देखा है, भारत के सभी नृत्यों में, भारत के ही नहीं, भारत से लेकर तुर्की तक के नृत्यों में यह देखा है। कई बरस पहले मैं दक्षिण फ्रांस के एक शहर, मोपेलियर के होटल में रुका था। वहाँ तुर्की के दरवेश भी ठहरे हुए थे। वे भी अपनी धुरी पर गोल घूमते हैं। अगर आप यह अपने आप कर सकते हैं तो आपको अपने भीतर देवत्व को अनुभव करने किसी संस्थान की ज़रूरत नहीं है। इसी 'देवत्व' में 'देना' छिपा है। कई बरस पहले जब मैंने पहली बार कुडियाट्टम देखा था, मैं उसके दृश्य-संयोजन को देखकर चमत्कृत रह गया था। मुझे लगा

था कि कुडियाट्टम नर्तक निरन्तर एक केन्द्र-बिन्दु परिकल्पित कर रहे हैं और समूचा नृत्य उस केन्द्र-बिन्दु से विकीरित हो रहा है। यह केन्द्र बिन्दु स्थिर नहीं था, क्योंकि पहली बात यह कि नर्तक गतिशील थे और दूसरे, मंच पर एक से अधिक नर्तक थे। यहाँ भी वही कोशिश है कि नर्तक आपसे, यानि दर्शकों से और जिसका वह अभिनय कर रहा है, उस चरित्र से एक खास सम्बन्ध बनाये। दरअसल, उस केन्द्र-बिन्दु को विचलित करके ही कुडियाट्टम नर्तक वहाँ से रस और प्राण प्राप्त करते हैं। और इस तरह वे अपने दर्शकों और अभिनीत चरित्रों को जीवन प्रदान करते हैं। तब से यह विचार मेरे नृत्य देखने और अपनी फ़िल्मों के दृश्यों को संयोजित करने में मुख्य भूमिका निभाता रहा है। देखा जाये तो यह केन्द्र-बिन्दु वास्तविक नहीं है। कोई भी बिन्दु वास्तविक नहीं होता। इसे आइन्सटाईन के बाद से वैज्ञानिक स्वीकार करते हैं। उनका सोचना है कि एकायामी वस्तु असम्भव है। आइन्सटाईन के पहले तक वैज्ञानिकों द्वारा (नर्तकों द्वारा नहीं) यह ग़लती की जाती रही है कि उन्होंने, भले ही विचार के स्तर पर, लेकिन बिन्दु की भौतिक सत्ता को स्वीकार किया था। उनके लिए–भले ही विचार के स्तर पर–वह ब्रह्माण्ड में मौजूद एक भौतिक सत्ता था। चूँकि वह भौतिक रूप से मौजूद था, वह ब्रह्माण्ड के कार्य-व्यापारों का निर्धारक था, सामंजस्य (हार्मनी) सम्बन्धी विचारों को निर्धारित करता था जो हर संस्कृति में हैं। लय के विचार, बढ़त के विचार, अन्तरिक्षीय घटनाओं के कालक्रम और ज्यामितीय गणित के विकास और विन्यास बहुत हद तक बिन्दु की इसी धारणा पर निर्भर थे। लेकिन जब आप इस धारणा और उसके व्यवहार को बदलते हैं, जैसा कि नृत्यकार करते हैं, हमें मालूम चलता है कि जीवन अपने अनेक रूपाकारों में स्थिर बिन्दु की धारणा के बग़ैर ही फैलता है। ख़ुद बिन्दु भी बार-बार बनता रहता है। इस ढंग को देखना अब मेरे भीतर बस गया है। मुझे लगता है कि जीवन के अनेक अन्तर्सम्बन्धों को इसी दृष्टि से संचालित होना होगा ताकि हम रच सकें, प्रदर्शन कर सकें, और अपने पर आरोपित ब्रह्माण्ड, सामाजिक कर्म और मोक्ष की सम्भावना की धारणाओं पर सवाल उठा सकें। इस रास्ते हम यह सारे सवाल उठा सकते हैं और अपने इस प्रश्नांकन में हम समकालीन विज्ञान, इस्लाम और अपनी पारम्परिक कलाओं को साझा करते हुए पा सकते हैं। यहाँ आकर हम यह

दृढ़तापूर्वक अनुभव कर सकते हैं कि आज भी हम बिना किसी संस्था या संगठन पर निर्भर हुए एक तरह की आध्यात्मिकता का विशिष्ट व्यवहार कर सकते हैं, बल्कि हम यह तक कह सकते हैं कि इस स्थिति में ख़ुद संस्थाएँ (या संगठन) ऐसे अनेक बिन्दुओं के मिलन को अभिव्यक्त करते हुए ख़ुद को बार-बार रचने की प्रक्रिया में रहेंगी। इस स्थिति में वे हम पर किसी भी तरह का वैचारिक ढाँचा आरोपित करने से भी बच सकेंगी।

इस विचार का सम्बन्ध सिर्फ़ नृत्य से ही नहीं, किसी भी तरह की गति या चलन से है। इसे मैं स्वीकार की हर प्रक्रिया में पाता हूँ। इसे मैं किसी भी दी हुई व्यवस्था में सेंध लगाता हुआ देखता हूँ। क्या इसका आशय समय

की चक्रिल धारणा का स्वीकार है? किसी हद तक, लेकिन उस हद तक नहीं जहाँ इसे कुछ अधिक ही हठपूर्वक एकरैखिक विकास के ऐसे ढाँचे के विरुद्ध इस्तेमाल किया जाता है जिसका एक खास प्रयोजन या लक्ष्य हुआ करता है। दरअसल, विकास का यह एकरैखिक ढाँचा लगभग हर उस चीज़ में मौजूद है जिसकी हम सामान्यतः चर्चा करते हैं : यह 'विकासशील' और 'विकसित' कहने में है, यह हर उस क़िस्से में है, जिसका अन्त आरोही (क्रिसेण्डो) पर होता है जैसा कि अठारहवीं सदी का ज़्यादातर पश्चिमी संगीत है (बीसवीं या इक्कीसवीं सदी का संगीत इससे अलग है), यह हॉलीवुड की फ़िल्मों में है, जिसका समापन कमोबेश फ़िल्मों में कारों का एक-दूसरे का पीछा करने में होता है, यही बात लगभग सभी भारतीय भाषाओं में बन रही मुख्यधारा की कही जाने वाली फ़िल्मों में भी है जिनका समापन अमूमन भारत के बारे में साम्राज्यवादी धारणा के स्वीकार में और हर तरह की परम्परा के तिरस्कार में होता है। मैंने पिछले दिनों इस तरह की एक फ़िल्म देखी थी। उसका 'कहो न प्यार है' या ऐसा ही कुछ नाम था। इस फ़िल्म में ख़ुद आपके माता-पिता खलनायकों में तब्दील हो चुके हैं और कोई बाहरी ताक़त आपकी भलाई कर रही है। इसी तरह का सन्देश बहुत-सी और फ़िल्में कहीं अधिक बारीक़ी से दे रही हैं और तब भी मुझसे तीस सालों से अधिक फ़िल्में बनाने के बाद भी यह कहा जाता है कि मुख्यधारा की फ़िल्में जनता के लिए और जनता के बारे में हैं, और मेरी या देश के दूसरे भागों के मेरे साथियों की बनायी फ़िल्में 'इलिटिस्ट' है। आज भी इस तरह के सवाल पूछे जाते हैं, हम सब से, निरन्तर तीस सालों से। देखा जाये तो 'इलिटिस्ट' सिनेमा उसे कहना चाहिए जो जनता को बाज़ार की वस्तु की तरह बरतता है, मूर्खों की तरह बरतता है, जो उस संस्कृति का तिरस्कार करता है जो असंख्य लोगों ने हज़ारों सालों में बनायी है। इस सब को आम लोगों के सिनेमा की तरह पेश किया जाता है और वह फ़िल्म-व्यवहार जो हम करते हैं, जहाँ हम कथक या ओडिसी या ख़्याल का उत्सव मनाते हैं, उसे खास लोगों (इलिटिस्ट) का सिनेमा कहा जाता है। लेकिन मैं। उस बारे में बात करने यहाँ नहीं आया हूँ। मैं आपके बीच नृत्य में, गतियों में, अलौकिक या देवत्व की उपस्थिति के बारे में बात करने की इच्छा लेकर आया हूँ।

बिन्दु और उसके घेरे में विकीरण के विचार में क्या अनिवार्यत: आवृत्तिमूलक चिन्तन की ओर इशारा है? क्या इसका अर्थ वही है जो मसलन, संगीत में आवर्तन का होता है? इस विषय में अगर मैं वागीश शुक्ल जैसे विचारक से विचार-विमर्श करूँगा तो वे, उदाहरण के लिए, इतिहास को नकार देंगे। लेकिन समझना ये है कि इतिहास भी परम्परा की गति को समझने का एक साधन है। पर कुछ ऐसे विचारक हैं जो कहते हैं कि इतिहास हमारे लिए उपयुक्त नहीं है। मैं इस पर अचम्भित होता हूँ। अगर कोई यह कहता है कि सारे सांगीतिक रूपों में आवर्तन होना अनिवार्य है तो ज़ाहिर है बेरॉक संगीत के बाद की पश्चिमी संगीत परम्परा के सभी प्राचीन शास्त्रीय सांगीतिक रूप जिनमें मोत्ज़ार्ट आदि का संगीत शामिल है, लक्ष्योन्मुखी कलारूपों की तरह, मर्सियाओं की तरह दिखायी देने लगेगा। भारतीय शास्त्रीय संगीत से गहरा अनुराग रखने वाले एक बुज़ुर्ग से मेरा परिचय था, उन्हें उस संगीत की गहरी समझ भी थी। लेकिन उनके कान किसी भी दूसरे संगीत के लिए बन्द थे। वे बाक़ी सारे संगीतों को विषादमय मानते थे। उनके लिए मोत्ज़ार्ट आदि का संगीत विषादमय था। यह इसलिए था क्योंकि वे सोचते थे कि यह संगीत एकरैखिक है, यह एक ही दिशा में गतिशील होता है और इसका समाहार मृत्यु में होता है : जन्म, विवाह, मृत्यु। इतिहास को भी मेरे कुछ मित्र, जिनके प्रति मेरे मन में गहरा सम्मान है, इसी रूप में देखते हैं। वे केवल चक्रिल विचार की दृष्टि से सोचते-समझते हैं। मेरा ख़्याल है, यहाँ कुछ गड़बड़ है। हमें यह द्वन्द्व बनाते रहने की कोशिश नहीं करनी चाहिए। यह रूप-कथ्य और ऐसे ही दूसरे युग्मों की तरह ही है, जिनसे ऊपर उठने की हमें कोशिश करनी चाहिए। यह इतिहास पर औपनिवेशिक प्रतिक्रिया के द्वारा हम पर आरोपित किया गया है। सच है कि इतिहास ने हमें उजाड़ा है, इस कारण हम उसके प्रति कुछ अधिक ही संवेदनशील हो गये हैं। किसी हद तक इतिहास ने विचार के लगभग सभी चक्रिल रूपों को क्षति पहुँचायी है क्योंकि विचार के चक्रिल रूप का प्रादुर्भाव अपने जीवन और दूसरों के प्रति हमारी पहली जागरूकता में निहित है, नक्षत्रों की गति की जागरूकता में, ऋतुओं के परिवर्तन में। हम अपने जीवन में किये कर्म को ही अपने में अन्तरित कर सकते हैं। मैं यह महसूस करता हूँ कि 'लक्ष्योन्मुखी' 'चक्रिल' में और 'चक्रिल' 'लक्ष्योन्मुखी' में शामिल रहा करता है, यहीं से गणित का प्रवेश

होता है, शरीर मात्र के गणित का। हमें यह पूछते रहना पड़ेगा कि किसी भी गति का, चलन का, आधारभूत सिद्धान्त क्या हो, वह क्या ज़मीन हो जिसे हम कुछ देर को ही सही नृत्य के लिए प्रस्तावित कर सकें।

दरअसल, हर गति एक सम्भावित नृत्य है। इसी अवधारणा पर हम यूटोपिया का सन्धान करते हैं। यूटोपिया का विचार अलग-अलग संस्कृतियों में अलग-अलग तरह से मौजूद है। पश्चिम की परम्परा में इसका सम्बन्ध ऊपर उठने की क्रिया से है, गुरुत्वाकर्षण का प्रतिकार करने से। यूनानी मिथकीय चरित्र एकेरस इसी विचार का दृष्टान्त है : उसकी उड़ान और फिर पतन। ईसाईयत में 'ईश्वर के नगर' का विचार भी उड़ान से ताल्लुक रखता है जिसमें परलोक की खातिर इहलोक को नकारा जाता है लेकिन यह किया जाता है सब कुछ को नकारने की तपश्चर्या के रास्ते। बहरहाल, यूटोपिया पर हुए तमाम लेखन में यह बेचैनी रहती है कि रीज़न और रिवेलेशन, तर्कणा और प्रकटन का समाहार कैसे किया जाये। यह स्थिति, विशेषकर धार्मिक ग्रन्थों में, काफ़ी साफ़ नज़र आती है। बिन्दु से ख़ुद-ब-ख़ुद पैदा होने वाले विकीरण क्यों अज्ञात को उद्घाटित करते हैं? यह प्रश्न हमें निरन्तर पूछते रहना चाहिए कि कोई नर्तक (नर्तकी) या गायक (गायिका) इस बिन्दु से एक उपस्थिति को विकीरित कर आपको अपने प्राणों की ओर बल्कि अलौकिक प्राणों की ओर कैसे ले जाता (जाती) है। मैंने एक बार बम्बई में अल्लादिया खाँ की परम्परा की गायिका केसरबाई केळकर को सुना। वे रात में गा रही थीं। जैसे ही उनकी आवाज़ ने एक साथ स्वर को छुआ, जैसे ही उनकी आवाज़ उस स्वर तक पहुँची, वे अपने आप बोल उठीं, 'वाह, क्या बात है।' ज़ाहिर है, उस वक़्त हम सभी श्रोता भी उनके इस अचरज में उनके साथ थे कि वे वहाँ कैसे पहुँच गयीं। 'वहाँ' माने 'न जाने कहाँ'! लेकिन इसमें शक नहीं कि वह अज्ञात का प्रकटन था, अज्ञात का आविर्भाव! उसने ही उस आकाश को अलौकिक ताने-बाने में ऐसे बुना था कि वह सहज ही पहचान में आ सका था। इस घटना का यह अर्थ हुआ कि ऐसे विशेष क्षणों में (जब केसरबाई ख़ुद ही, 'वाह, क्या बात है' बोल उठती हैं), अलौकिक स्वयं को तर्कणा (रीज़न) के हाथों सौंप देता है। अब वह ऐसा कुछ नहीं रह जाता जिसे पहचाना न जा सके, क्योंकि हमारी आँखों के सामने घटने के

बाद भी वह वहाँ नहीं होता। यही वह संसार है जिसे नृत्य उउद्घाटित करता है, जिसे गतियाँ उद्घाटित करती हैं, यहीं सिनेमा अपने हर शॉट में पहुँचने की कोशिश करता है। यह अलग बात है कि उसके हर शॉट में ऐसा हो नहीं पाता, वैसे ही जैसे केसर बाई के साथ यह हमेशा नहीं होता था, लेकिन उसकी चाहना आपको निरन्तर एक ऐसी चीज़ के सम्पर्क में रखती है जिसे अलौकिक कहा जा सकता है।

अब मैं अपनी सहयोगी अल्पना* से आग्रह करूँगा कि वे आपको कुछ थाट दिखाएँ। यहाँ आप एक ऐसी सृष्टि या उसकी सम्भावना पायेंगे जिसके बारे में हम बात कर रहे थे।

(यहाँ व्याख्यान के बीच कथक नृत्यांगना अल्पना वाजपेयी नृत्य प्रस्तुत करती हैं)

जब मैं अल्पना को नृत्य करते देख रहा था, मुझे याद आया कि भारत में मानसून की हवाएँ पूरा एक सौ बीस अंश का कोण बनाती हैं। आज हम अक्टूबर महीने में एक ऐसी जगह हैं जब हवाएँ भीषण घुमाव लेने वाली हैं, मौसम बदलने को है, हमारे कन्धों पर, हमारे सिर पर दबाव में बदलाव आ रहा है। हमारा सारा शरीर इस पर प्रतिक्रिया करता है। यही हमारे गणित की नींव भी है, भारत की महान् गणितीय परम्परा की। हम अपने साल को 'वर्ष' कहते हैं जो 'वर्षा' से आया है। डी.डी. कोसाम्बी की पुस्तक में एक बहुत ख़ूबसूरत पैराग्राफ़ आता है जहाँ वे बताते हैं कि कैसे हम नक्षत्रों की स्थिति को देखकर और अपने शरीर पर आये दबाव के बदलाव को अनुभव कर यह पूर्वानुमान लगाते थे कि हवाएँ किस तरफ़ बहेंगी और हम किस और कैसे अपनी नावों को समुद्र में ले जायेंगे। इसी से जुड़े हुए गीत हैं, नृत्य हैं। आज से पहले तक मैं सोचता था कि थाट एक अलग स्थापत्य रचता है लेकिन आज जब मैंने अल्पना को नाचते देखा, मुझे लगा कि थाट ॠतुओं को हमारे अनुभव के घेरे में ले आता है। इसमें सारी ॠतुओं का अनुभव स्पन्दित है। कथक में, जैसा कि हम सब जानते हैं, घूँघट होता है जो उस यहूदी परम्परा से आया है जहाँ घूँघट उद्घाटक हुआ करता है।

*अल्पना वाजपेयी, कथक नर्तकी हैं। उन्हें कुमार ने इस व्याख्यान के लिए विशेष रूप से आमन्त्रित किया था कि व्याख्यान में कुछ अवधारणात्मक पक्षों को साक्षात् प्रस्तुत कर सकें।

घूँघट के अभाव में सत्य को जानने की ऐसी कोई गुंजाइश नहीं रहती जिसमें प्रकटन (रेवेलेशन) भी हो, तर्कणा (रीज़न) भी। स्थूल यथार्थ, यथार्थ नहीं है। अलौकिक से एक तरह से जुड़ना ही सत्य है। गाँधी जी के लिए भी सत्य का यही आशय था। उनके लिए सत्य का आशय यह नहीं था कि अँग्रेज़ हमारे देश की सम्पदा को लूट रहे हैं, उनके लिए अपनी अलौकिकता को पुष्ट करना अनिवार्यता थी और वह तभी पूरी हो सकती थी जब हम पूरा सत्य जान पाते। घूँघट यथार्थ को धीरे-धीरे प्रकट करने का नाम है। वह उसे उसकी पूर्णता में प्रस्तुत करता है। जब वह निरावृत्त रूप में प्रकट होती है, आप उसे मार सकते हैं, लेकिन उसे जान नहीं सकते, आप उसे प्रेम नहीं कर सकते इसलिए आप उसे स्वीकार भी नहीं कर सकते।

मेरा सोचना है कि तर्कणा (रेशनेलिटी) जो ख़ुद ही शायद हमारे जीवन की तकनीकी हदबन्दी की ओर बढ़ रही थी, जो हर व्यक्ति को हिंसा के छोटे-छोटे कटघरों में अलगाने में लगी थी, अब समझ की उन पद्धतियों की ओर मुड़ना शुरू कर रही है, जिन्हें वह कम-से-कम पिछली दो-तीन शताब्दियों तक अतार्किक मानती रही थी। लेकिन संचार-माध्यमों में काम करने वाले लोग, जो दरअसल कला को ही ख़त्म कर देना चाहते हैं, अब भी यह मानते हैं कि तर्कणा और प्रकटन अनिवार्यत: एक दूसरे के विरोधी हैं।

कोई भी गति उन प्रश्नों के सम्भव समाधानों का मिला जुला रूप है जो हम अभी उठा रहे हैं : आखिर क्योंकर स्वत:स्फूर्त विकीरण अज्ञात को उद्घाटित कर उसे तर्कणा (रीज़न) को सौंप देते हैं? कोई भी गति उन प्रश्नों के सम्भव समाधानों का सम्मिश्रण है जो व्यवस्था और अव्यवस्था के बीच होते हैं, एक नपी-तुली अनियमितता जो पूर्वानुमान की हद के बाहर काम करती है। विज्ञान का काम पूर्वानुमान करना है और यहाँ एक ऐसी अनियमितता है जो नपी-तुली है। एक नर्तकी होने के नाते अल्पना भी नाप-जोख के कठिन अनुशासन से गुज़री होंगी, न सिर्फ़ उनके दिमाग़ ने इस नाप-जोख को अन्तस्थ किया होगा बल्कि उनके हाथ-पैरों की गतिशीलता और आँखों के सूक्ष्मतम स्पन्दनों ने भी आनुपातिकता को स्वीकारा होगा। इन्हीं के सहारे वे सृष्टि के हमारे अनुभव में परिवर्तन ला देती हैं।

आमतौर पर मैं यह दावा करता हूँ कि प्रकृति में पाये जाने वाले अनेक

संयोजन इतने अधिक अनियमित और खण्डित हैं कि यूक्लिड की तुलना में प्रकृति न सिर्फ़ एक उच्चतर बल्कि एक दूसरे ही स्तर की जटिलता दिखाती है। प्राकृतिक संयोजनों के अनुभवों के विशिष्ट अनुपातों की संख्या व्यवहारतः अनन्त है। इन संयोजनों का अस्तित्व हमें उन रूपाकारों के अध्ययन की चुनौती देता है जिन्हें यूक्लिड 'अरूप' कहकर दरकिनार कर देते हैं, 'आकृतिविहीन' का 'आकृति विज्ञान' खोजने की चुनौती। हालाँकि गणितज्ञ इस चुनौती का तिरस्कार कर रहे हैं और लगातार ऐसे सिद्धान्त गढ़ कर प्रकृति से दूर भगाने का प्रयास करते रहे हैं जिनका उस सब से कोई ताल्लुक नहीं है जो हम देखते या महसूस करते हैं। मैंने (याने मैं नहीं, गणितज्ञ मेण्डलब्रॉट ने, जिनसे मेरी पूरी सहानुभूति है) 'फ्रेक्टल' शब्द लैटिन विशेषण 'फ्रेक्टेर' से गढ़ा है जो लेटिन क्रिया 'फ्रेन्ज़ेर' की तरह है जिसका अर्थ है, तोड़ना : अनियमित टुकड़ों की रचना करना। इसलिए वह अर्थपूर्ण होगा और हमारी ज़रूरत के लिए ठीक भी कि हम फ्रेक्ट्स को 'फ्रेगमेण्टेड' के अर्थ में (जैसा कि 'फ्रेक्शन' यानि टुकड़ा या 'रीफ्रेक्शन' यानी अपवर्तन) लेने के साथ 'अनियमित' के अर्थ में भी लें, ये दोनों ही अर्थ 'फ्रेगमेण्टेड' में रहे आयें।

उदयन वाजपेयी की यह कविता सुनिये :

ये लाल मैदान
ये सन्ध्या का लड़खड़ाता समीर
ये शराबघर से लौटते गुमसुम नागरिक
ये पानी पर तेल की बून्द-सा
मुझ पर फैलता ख़ालीपन-सा कुछ
मेरे दुःख की रेखाएँ
क्यों बार-बार मेरे पैरों में उलझ जाती हैं
क्यों धुँधला पड़ता जाता है
इस बढ़ते चश्मे के पार का संसार?

(पागल गणितज्ञ की कविताएँ-१)

यहाँ आप देख सकते हैं कि कविता भी ख़ुद को इसी तरह के गणित

(जिसका ज़िक्र मेण्डलब्रॉट ने किया है) के अनुरूप संयोजित करती है, न कि यूक्लिडीय गणित के अनुसार, वहाँ सब कुछ त्रिकोणीय या चतुर्कोणीय किया जाकर तर्कसंगत होने की ओर बढ़ता है, जहाँ आप यह कह पाते हैं, 'ये इसके कारण ऐसा है', 'इससे ये साबित होता है कि वो ऐसा है' आदि। अगर हम कविता पर लौटें तो हम पायेंगे कि यहाँ लाल मैदान है। मैदान कभी लाल नहीं होता, फिर यह लाल कैसे हो गया? यहाँ इस मैदान के लाल होने का आश्चर्य है। इसका यह मतलब हुआ कि यहाँ सामान्य ऐन्द्रिकता से अलगाव प्रस्तावित है। लेकिन यह अलगाव वास्तविक है। अगर आप फ़िल्म के निगेटिव देखें तो ज़्यादातर मैदान (जो हरे होते हैं) लाल नज़र आयेंगे। क्योंकि निगेटिवों में वास्तविक रंगों का उलटा दिखायी देता है। यहाँ मौजूद अखिलेश या दूसरे चित्रकार इस उलटबाँसी को जानते होंगे : लाल को हरे रंग से छुआने पर प्रिज़्म का-सा असर पैदा होता है जिसमें बुद्धि उसी तरह तेज़ी से चलने लगती है जैसी कि नृत्य में, और उसमें उसी पल इसी तरह के कई विलोमों की शृंखलाएँ फैलती जाकर उसके सारे आकाश (स्पेस) को अलौकिक आभास प्रदान करने लगती हैं। यही काम, मसलन, डिज़ाइन भी करती है। सिन्ध से आया एक कपड़ा है, उसे अजरक कहते हैं। घूँघट की तरह ही इसका रंग भी इस रंग की चाहना हम तक अरब और इज़राइल से आती है, यूरोपीय भाषाओं में जिसे 'एज़्योर' कहा जाता है, वह 'अजरक' पर आधारित है। अजरक, दरअसल, एक खास नीले रंग के लिए इस्तेमाल होने वाला अरबी शब्द है। सिन्ध का कपड़ा अजरक इसी नीले रंग का है। वे उसे वहाँ 'असूल' कहते हैं जिसका सम्बन्ध 'असली' में है, जिससे 'असलीयत' निकला है। जिसका मतलब है सम्पूर्णता। इस सम्पूर्णता पर ही सरकता बिन्दु होता है। आप वहाँ कहीं से भी शुरू कर सकते हैं, आपको उसमें हमेशा ही अल्लाह का विस्तार दिखायी देगा। यह डिज़ाइन की अनोखी मिसाल है। लगभग हर कविता और हर नृत्य में गति को इसी तरह तोड़ा जाता है। इसी तरह विस्तारित किया जाता है कि वहाँ निरन्तर परिवर्तनशील बिन्दु का विस्तार होता रहे।

अब मैं एक बार फिर अल्पना से आग्रह करता हूँ कि वे पहले अपने तबला वादक से केवल ठेका सुनवायें, फिर गायक से केवल ठुमरी और आखिर में

वे ख़ुद ठेके और ठुमरी के साथ नृत्य करें। मेरा आपसे आग्रह है कि आप इन तीनों प्रदर्शनों के अन्तर को देखने की कोशिश करें।

(पहले ठेका बजा, फिर ठुमरी, फिर दोनों के साथ अल्पना का नृत्य)

संगीत सुनना या नृत्य देखना उन पर बोलने से कहीं अधिक सुखकर है। लेकिन कम-से-कम आज मेरी यही नियति है। आप शायद जानते हों कि ठेका बजाते हुए ज़ाकिर हुसैन या अल्लारख्खा खाँ साहब जैसे लोग ऐसे अन्तराल रचते हैं जिनमें नृत्य और संगीत की सम्भावना जन्म ले लेती है और उनके माध्यम से उस सब की भी जिसके विषय में हम आज बात कर रहे हैं। तबले द्वारा बनाये गये अन्तराल उस ठुमरी के भीतर के अन्तरालों से अलग हैं जिससे एक दूसरा ही शाब्दिक रूप प्रस्तुत होता है जो तबले के अन्तरालों के ऊपर एक परत चढ़ा देते हैं। इस स्थिति में ठेका एक तरह का ढाँचा बन जाता है और ठुमरी-गायक इस लयकारी को आत्मसात् कर लेता है और इसे आगे ले जाने लगता है। एक बार मैंने हरिप्रसाद चौरसिया को ज़ाकिर हुसैन के साथ टेलीविज़न पर बैठे देखा था। यह घटना मेरे बाँसुरी पर फ़िल्म* बनाने के ठीक पहले हुई थी। अलाउद्दीन खाँ साहब की बेटी अन्नपूर्णा देवी ने मुझे दूसरी चीज़ों के अलावा अपने पिता के घराने की झिंझोंटी हरि जी से बजवाने की सलाह दी थी। संयोग से उस दिन इन कलाकारों को वही राग प्रस्तुत करना था। ज़ाकिर हुसैन वहाँ बैठे थे लेकिन उन्हें बजाने का अवसर ही नहीं मिला क्योंकि हरि जी पूरे समय आलाप करते रहे। कैसी अनोखी बात है! किसी प्रायोजित कार्यक्रम में ऐसा होना मुश्किल होता है क्योंकि वहाँ यह कहा जायेगा कि आप वहाँ उपस्थित एक स्टार का इस्तेमाल ही नहीं कर रहे। लेकिन बड़े संगीतकारों के बीच ऐसा ताल-मेल हो जाता है। हमारी परम्परा में यह आज भी चला आ रहा है। वे इस प्रतिदान की कद्र करते हैं। यह प्रतिदान ही है, नकारना नहीं। यही कुछ हरिप्रसाद जी और केलूचरण महापात्र के बीच हो पाता है।

नर्तकी तब प्रवेश करती है जब थाट के सहारे वह पहले ही समूचा ब्रह्माण्ड रच चुकी होती है। अब उसे अपने संगतकारों के साथ इस अवधि को एक

*इस फ़िल्म का नाम सूरदास की एक काव्य-पंक्ति पर रखा गया था। 'विरह भरयो घर आँगन कोने'। अँग्रेज़ी में इसका नाम 'बेम्बू फ्लूट' था।

विशिष्ट व्यक्तित्व प्रदान करना है, उसे अपने दर्शकों को आज के दिन तमाम रसों का आस्वादन कराना है, आज के खास दिन में, चाहे वे शृंगार हो या रौद्र या भयानक। इन रसों के बीच के संक्रमण इतने स्थूल नहीं होते कि आप उन्हें गणितीय ढंग से व्यक्त कर सकें। वे निरन्तर नृत्य में उपस्थित होते रहते हैं, उन्हें नाम देना मुश्किल है। कई बार कोई रस सिर्फ़ आधा सेकण्ड तक के लिए उपस्थित हो सकता है। फिर वह ओट हो जाता है। वे असंख्य होते हैं। ठीक वैसे जैसे वक्रता में एक तरह की अनन्तता होती है। नृत्य, साहित्य और संगीत में कोई सीधी रेखा नहीं होती। वहाँ वक्रताएँ होती हैं। इस बिन्दु पर नृत्य या गति के सन्दर्भ में मुझे जो अगला प्रश्न पूछना है वह उस चुनौती से जुड़ा है जो इस माध्यम की डिज़िटल तकनीक हमारे सामने पेश कर रही है। मैं माइकल जैक्सन का प्रशंसक हूँ, बावजूद उस संस्कृति के जिसके वे प्रतिनिधि हैं। मैंने उन्हें केवल इलेक्ट्रॉनिक माध्यमों पर ही देखा है पर उनकी जिस चीज़ ने मुझे चकित किया है, वह उनका मंच पर भी चन्द्र-चलन (मूनवॉक चाँद पर चलना) कर पाना है। वे ऐसा कैसे कर पाते होंगे? यह मानवीय शरीर के वश के बाहर है। दक्षिण भारत के एक नर्तक हैं प्रभुदेवा, मैं उन्हें माइकल जैक्सन से भी अधिक पसन्द करता हूँ क्योंकि उन्होंने मानवीय शरीर से वह सचमुच किया है जिसे करने का भ्रम माइकल जैक्सन उत्पन्न करते हैं। जैक्सन वह कैसे करते हैं? यह वे कम्प्यूटरीकृत प्रकाश व्यवस्था की मदद से करते हैं, ऐसी प्रकाश व्यवस्था जिसमें प्रकाश बार-बार बदलता रहता है। दरअसल, प्रकाश के इस तरह बदलते रहने के कारण ही हमें नर्तक याने माइकल जैक्सन की गतिशीलता का एहसास होता है। बदक़िस्मती से प्रभुदेवा को यह पता नहीं है कि माइकल जैक्सन अपने चन्द्र-चलन को किस हद तक अपने शरीर से अंजाम देने की बजाय प्रकाश-व्यवस्था का सहारा लेते हैं।

फ़िल्मकार होने के नाते मैं सबसे अधिक भरोसा प्रकाश पर करता हूँ। नृत्य भी प्रकाश के कारण ही हो पाता है। अगर आप केवल अपने लिए नाच रहे हैं तब अलग बात है वरना नृत्य का प्र-दर्शन प्रकाश के बिना सम्भव नहीं है। आज कम्प्यूटरों के माध्यम से यथार्थ की खण्डधर्मिता (फ्रेक्टेलिटी) पहचानी और अन्वेषित की जा रही है। डिज़िटल माध्यमों का यह स्वभाव है कि वे

किसी भी गति के असंख्य विकल्पों को सीमित कर देते हैं, चाहे वह कोई भंगिमा हो या होठों की गति या आँखों की। इन माध्यमों के संकेतन का ढंग भी वास्तविकता से बिल्कुल अलग है। आप अपने सामने लगे इन दृश्यों को देख रहे होंगे; ये स्कैण्ड चित्र हैं। जब आप इन चित्रों को दूर से देखते हैं, ये फ़ोटोग्राफ्स मालूम देते हैं लेकिन जब आप इन्हें नज़दीक से देखते हैं तो आप पाते हैं कि ये स्कैण्ड चित्र हैं क्योंकि तब आपको इनमें स्कैनिंग प्रक्रिया से पैदा हुई जाली (ग्रिड) दिखायी देने लगती है। इसी तरह डिज़िटल ध्वनि भी बहुत-से शोर को पोंछ डालती है और इस तरह वह ध्वनि के सन्दर्भ को मिटा देती है। महान् भौतिक शास्त्री श्रोडिंगर (Schrodinger) का कहना था कि संगीत शोर को तराशने से पैदा होता है। शोर के खास तरह के सन्तुलनों के समूहों में ढल जाने को ही हम सांगीतिक सम्बोधन की तरह अनुभव करते हैं।

कुछ इस तरह के सवाल उठना अब शुरू हुए हैं कि क्या अब हम अपने जीवन को अलौकिक या किसी हद तक गहन बनाने की आकांक्षा रख भी पायेंगे या कि हमें अपने जीवन को आज हमारे सामने उपलब्ध अवबोध के इन ढाँचों में ही अँटाना होगा। मैं अपनी विधा के सन्दर्भ में बोल रहा हूँ। अब तक हमने पारम्परिक कलारूपों की आकांक्षा की चर्चा की है लेकिन आज तकनीकी और जिसे उत्तर-पूँजीवाद कहा जाता है, उसकी दशा के कारण हमें न केवल पारम्परिक कलाओं के विषय में अपनी धारणाओं को बदलना पड़ेगा बल्कि हमें कुछ ऐसे नये अन्तर्सम्बन्ध खोजने होंगे जिससे हम उन घेरों को स्वाधीनतापूर्वक तोड़ सकें जिन्हें तकनीकी ने हमारे चारों ओर बनाये हैं। इस तकनीकी की महानता को मैं नकारता नहीं। मैं ख़ुद ई-मेल का इस्तेमाल करता हूँ जिसकी मदद से दूर देश में रहती अपनी बेटी से मैं सम्पर्क बनाये रख सकता हूँ, जैसा कि प्रेमियों के लिए भी सम्भव है। लेकिन आज इन तकनीकों के कारण न सिर्फ़ हमारा अवबोध दाँव पर लगा है बल्कि विचार करने की समूची प्रक्रिया भी। हमारी आँख के देखने का ढंग, कान के महसूस करने के ढंग जिन्होंने सांगीतिकता की न जाने कितनी व्यवस्थाएँ उत्पन्न कीं।

ये नहीं कि सारी तकनीकी ग़लत ही होती हों, मसलन, फैक्सिमिल का

आविष्कार, मेरा ख्याल है, जापानियों ने किया था, क्योंकि लिखते समय हाथ के दबाव से पैदा होने वाली टोनेलिटी टैलेक्स के सहारे सम्प्रेषित नहीं हो पाती थी। इसलिए उन्हें एक ऐसी तकनीक अन्वेषित करनी पड़ी जो लकीर की टोनल भिन्नता को सम्प्रेषित कर सके जो उनकी (जापानियों की) लिपि के सम्प्रेषण के लिए ज़रूरी है। मैं सोचता हूँ कि अगर हम अपने सामने आयी इन चुनौतियों का सामना करें तो हम भी अपनी परम्परा के अनुरूप नयी तकनीक खोज सकते हैं, मसलन, हम फ़िल्म के लिए नये तरह के लैंस बना सकते हैं जो पारस्परिक कलाओं के फ़िल्मांकन में अधिक कारगर साबित होंगे। मैंने किसी हद तक *ख़्याल गाथा* में यह करने की कोशिश की थी लेकिन किन्हीं और रास्तों से क्योंकि मैं नये तरह के लैंस बनवाने की स्थिति में नहीं था। ऑरसन वेल्स ने लैंसों के माध्यम से फ़िल्मांकन में नयी बात पैदा की थी, क्योंकि अमरीकी तकनीक हॉलीवुड सिनेमा की सेवा में रहती है। यही बात स्टेनली क्यूब्रिक के साथ भी सही है। मैंने ख़ुद से कहा कि अगर मैं नये लैंस नहीं बनवा सकता तो क्या, मैं शुद्ध रूपाकारों के सहारे नया फ़िल्मांकन अन्वेषित करूँगा और उन पारम्परिक तत्वों के सहारे भी जो मुझे उपलब्ध हैं, जैसे रंग-संयोजन, दृश्य-संयोजन आदि जिससे फ़िल्म में उस अलौकिक की छाया आ सके जो महान् पारम्परिक भारतीय कलाओं में रही है। इसका आशय यह है कि तकनीकी पर लगातार सवाल उठाते रहना चाहिये जिससे वह किसी ऊँची अनुभूति को हासिल करने का माध्यम बन सके, उस अनुभूति को हासिल करने का जो लाखों वर्षों के न सिर्फ़ मानवीय बल्कि दूसरी तरह के जीवन से विकसित हुई है। आप कल्पना कर सकते हैं कि हमारे कानों के विकास की प्रक्रिया कितनी जटिल रही होगी कि हम इतनी अलग-अलग तरह की सांगीतिक परम्पराओं को जन्म दे सके। मसलन, अफ़्रीकी संगीत, जैज़, पश्चिमी शास्त्रीय संगीत, ख़ुद हमारा शास्त्रीय संगीत और चीनी संगीत! ये सभी परम्पराएँ बहुत अधिक वैयक्तीकृत हैं। आप कल्पना कर सकते हैं कि मनुष्य के सुनने की शक्ति की भिन्नताओं के भीतर इतनी तरह का वैयक्तीकरण (इण्डिविजुएशन) हो सकता है, मानो शरीर की हर कोशिका में अपनी तरह से सुनने की ताक़त हो। उनमें थी भी, उनके विशेषीकृत प्रकार्यों के विकसित होने के पहले तक। मुझे उम्मीद है और मेरी यह प्रार्थना है कि हम उस सृष्टि को बनाये रख

सकेंगे, उसका उत्सव मनाते रह सकेंगे जो नृत्य हमें प्रदान करता है।

बातचीत

कुमार शहानी के साथ

शैलेन्द्र तिवारी : आज का पूँजीवाद जिस तरह की सीमित (जैकेटेड) चेतना तैयार करने की कोशिश में लगा है, मैं चाहता हूँ कुमार जी उस विषय में कुछ कहें।

कुमार शहानी : सीमित (जैकेटेड) चेतना विकसित करना शुरुआती पूँजीवादी का भी ध्येय रहा है। आज हमें जो शक्तियाँ नियन्त्रित करने की कोशिश में हैं, वे एक ओर ख़ुद अनाम हैं, लेकिन दूसरी ओर वे ही मनुष्यों को राष्ट्रों, क्षेत्रों, धर्मों, लिंगों आदि नामों की सीमा में जकड़ने की कोशिश में हैं। दरअसल, इन सभी जकड़बन्दियों (जैकेट्स) को हमें छोड़ना होगा या कहें कि हमें इन्हें अस्थायी टुकड़ों (फ्रेग्मेण्ट्स) की तरह लेना होगा। इसका अर्थ यह नहीं कि आप भिन्नताओं को नकार दें बल्कि इसके उलट आपको इसका आनन्द लेना चाहिए। मैंने हाल ही में मिस्र का एक नाच देखा जिसे एक अँग्रेज़ महिला ने किया था। वे उस बेजबुड़ परिवार की थीं जो चीनी मिट्टी के बर्तनों के लिए विख्यात है। मैं वह नाच देखकर चकित रह गया। पहली बात यह कि वह नाच मिस्र का था जो उच्च कोटि की इस्लामी परम्परा का देश है। वह नर्तकी उसी परम्परा की पोशाक पहनी थी, वह 'बैली' नृत्य की तरह का नाच था, लेकिन वह नर्तकी पूरी तरह कपड़ों से ढँकी थी। हालाँकि उस नाच में हॉलीवुड या बॉलीवुड या कोई और वुड जैसी कोई बात नहीं थी पर उस नर्तकी का शरीर सिर से पाँव तक और दोनों तरफ़ थिरकता था, और वह नर्तकी बहुत ख़ूबसूरती से उस नाच में शरीर की यौनांगिकता ले आयी थी। यहूदी-ईसाई-इस्लामी परम्परा में सबसे बड़ा भय स्त्री के यौनांगों से जुड़ा है, लेकिन यह नाच उसी यौनांगिकता का

उत्सव था, शरीर पर तरंगों की रचना कर वह हमें वहीं ले जा रहा था और यह याद रहे कि वह नर्तकी पूरी तरह कपड़ों से ढँकी थी। कथक में सबसे अधिक महत्त्वपूर्ण नर्तक/नर्तकी का धड़ होता है और इस नृत्य में यौनांगों के सृजनात्मक उपयोग के न होने के कारण वे लगातार सन्दर्भित होते रहते हैं। जितने भी बन्द कला रूप हैं, जकड़न में क़ैद, वैचारिक विरोधास्पद निषेधात्मक रूपाकार, उनके साथ कैसे पेश आया जाये? हमें उस सब जकड़बन्दी का इस्तेमाल कर उससे बाहर कहीं अधिक स्वतन्त्रता में आ सकना चाहिए।

ईश्वर सिंह 'दोस्त' : आज हमारे सामने एक ओर दी हुई वास्तविकता या एक क़िस्म का भद्‌दा यथार्थवाद (वल्गर रियलिज़्म) है और दूसरी ओर ज्ञानमीमांसात्मक सन्देहवाद या सत्तामीमांसात्मक अयथार्थवाद। आप इस बारे में अपनी स्थिति स्पष्ट करने की कोशिश करें। जब हम छद्‌म सार्वभौतिकतावाद या यूरोकेन्द्रित सार्वभौमिकतावाद की बात करते हैं तब हमारा आशय क्या होता है? आपने 'अन्तरसांस्कृतिकता' की बात की, यहाँ भी एक क़िस्म का सार्वभौमिकीकरण निहित है, इन दोनों सार्वभौमिकताओं में क्या अन्तर है? आधुनिकता के समय एक क़िस्म का सरलीकरण यह था कि विज्ञान के नियम-विधानों के सहारे समाज-शास्त्र, मानविकी और यहाँ तक कि साहित्य को समझा परखा जाता था। इसी तरह तब आर्थिक रिडक्शननिज़्म भी था जहाँ अर्थशास्त्रीय नियम-विधानों के सहारे विभिन्न सांस्कृतिक या सामाजिक प्रक्रियाओं को समझने-परखने की चेष्टा की जाती थी। आज उत्तर-आधुनिक समय में एक विपरीत रिडक्शननिज़्म आया है जहाँ संस्कृति के ढाँचे के आधार पर दूसरी सभी सामाजिक आदि प्रक्रियाओं को बल्कि आर्थिक व्यवस्था को समझा परखा जा रहा है। इसी तरह आपने एक दृष्टान्त नृत्य का लिया और उसे यथार्थ के तमाम घटकों पर लागू करने की कोशिश की, क्या यहाँ भी वही ख़तरा नहीं है?

कुमार शहानी : मुझे नहीं पता कि ज्ञानमीमांसात्मक सन्देहवाद का कोई पारिभाषिक अर्थ है या नहीं, निश्चय ही किसी दार्शनिक ने इस पर विचार किया होगा। लेकिन मोटेतौर पर इसे समझते हुए मैं कहूँगा कि यह वैध दृष्टि है और मैं इसमें यह जोड़ना चाहूँगा कि मनुष्य एक ज्ञानमीमांसात्मक प्राणी

है। ज्ञानमीमांसा सम्भवत: हमारी सबसे महत्त्वपूर्ण प्रवृत्ति है, हर सम्भव ढंग से ज्ञान प्राप्त करना। हमारे शरीर की हर कोशिका जानना चाहती है और ज़ाहिर है कि ये सारी चीख़-चिल्लाहट हमें ज्ञान प्राप्त करने से रोकने के लिए की जा रही है। मैं मानता हूँ कि हमारे लगभग सभी क्रियाकलाप उसी तरह सन्देहास्पद हो गये हैं जैसे, मसलन, उस कुत्ते के जिसे जब खाना दिखाया जाता है, वह पहले उसे सूँघता है, फिर खाता है। यह पहला अवसर है जब हमें अपने अवबोध पर सवाल उठाना पड़ रहा है और ऐसा करना हमें भद्दे यथार्थवाद के स्वीकार की ओर नहीं ले जायेगा। हमें हमेशा ही वे रास्ते खोजते रहना होगा जिनके सहारे हम लोग यह अनुभव कर सकें कि आज की चुनौतियाँ क्या हैं। यह ज़रूर है कि वे सारे साधन जिनके सहारे हम ज्ञानमीमांसात्मक समस्याओं को उठाते हैं, वे ख़ुद हमारे अलगाव का कारण बन रहे हैं। इसीलिए यह बड़े संकट की घड़ी है।

अँग्रेज़ी से अनुवाद और सम्पादन : उदयन वाजपेयी